实用健身与训练指导

兰成伟　编著

西南交通大学出版社

·成　都·

内容提要

本书从实战出发，介绍锻炼各项身体素质的方法、精准训练和放松各个肌肉部位的动作及手段、走步健身、个人健身计划的制订、运动与饮食的建议和一些运动常识等。适合作为大众锻炼、健身爱好者、业余和专业运动的训练参考。

图书在版编目（CIP）数据

实用健身与训练指导 / 兰成伟编著. —成都：西南交通大学出版社，2019.6

ISBN 978-7-5643-6863-0

Ⅰ. ①实… Ⅱ. ①兰… Ⅲ. ①健身运动－运动训练
Ⅳ. ①G883.2

中国版本图书馆 CIP 数据核字（2019）第 086377 号

实用健身与训练指导

兰成伟　编著

责 任 编 辑	杨　勇	
助 理 编 辑	宋浩田	
封 面 设 计	曹天擎	
	西南交通大学出版社	
出 版 发 行	（四川省成都市金牛区二环路北一段 111 号	
	西南交通大学创新大厦 21 楼）	
发 行 部 电 话	028-87600564　028-87600533	
邮 政 编 码	610031	
网　　　址	http://www.xnjdcbs.com	
印　　　刷	四川煤田地质制图印刷厂	
成 品 尺 寸	170 mm × 230 mm	
印　　　张	18.25	
字　　　数	289 千	
版　　　次	2019 年 6 月第 1 版	
印　　　次	2019 年 6 月第 1 次	
书　　　号	ISBN 978-7-5643-6863-0	
定　　　价	59.00 元	

作者简介

　　兰成伟，男，1964 年出生，毕业于成都体育学院体育教育专业，任教于四川工程职业技术学院，四十余年的体育运动生涯，三十余年的体育教学和训练工作，热爱研究运动损伤，善于钻研运动医学，对人体的运动和肢体动作有较深的了解。趁着自己还能做动作示范，经过两年的努力，完成了这本《实用健身与训练指导》专著，尽可能地把所知道的健身知识和经验贡献出来，愿该书给您提供一些有益的健身方案。

作者近照

《实用健身与训练指导》是兰成伟老师用了两年多的时间精心编著的一部大众健身和健身房教学的专业指导力作！是一部不可多得的健身指导和专业培训书籍。

——中国首位世界健美冠军　钱吉成

免责声明

　　本书是为身体健康的健身者提供健身参考。如果，您的身体有健康缺陷，请在医生的指导下进行锻炼；如果您要进行大强度的运动训练、健身运动，请事先进行体检，以及在教练的指导下进行；如果您是家长带着孩子进行锻炼，请全方位考虑安全要素，比如，器材安全、环境完全、着装安全和体质安全，等等。

前　言

在平时的教学和生活中，常常遇见有的青少年、中年人和老年人，他们想锻炼，但又不太懂得如何科学地锻炼。锻炼身体的途径很多，比如打篮球、踢足球、游泳、健身等，任何运动只要坚持，都可以达到使身体健康的目的。对于某些人，一旦谈起健身，就是练就一身肌肉疙瘩，问鼎竞技健身奖台，是作为一些人的梦想而存在的。其实，健身没有那么复杂，是人人都可以参与的。

本书采用了大量彩色图片，由作者亲自拍摄、撰写，把作者几十年的经验和相关知识贡献出来，有些知识点是前所未有的，在本书中首次出现，为读者的健康、运动提供参考。不管是室内还是室外，是利用器械健身还是无器械健身；不管你是青少年、中年人，还是老年人；不管你是专业体育人士，还是非专业体育爱好者，阅读本书都大有裨益。书中最新知识点包括：完成某个动作，有哪些主要肌、次要肌和辅助肌共同参与；如何利用走步，更有效地锻炼全身；还有一些健身动作的标准度等。

如果在健身房锻炼，请一个私教指导自己，按小时计费，每个小时收费几百元，一年下来，光私教费就是一笔不小的开支；但不请私教，又不知道如何锻炼，因为去请教体育老师或者体育专业的人，毕竟不是那么方便。因此，本书力求言简意赅，通过文字描述结合动作图片，使读者很容易学习和记忆，希望该书给读者带来方便和健康。

著　者
2019 年 5 月

目　录

第一章　健身与训练常识

人体在神经系统的指挥下，肌肉产生收缩，使肢体或人体产生运动。不同的运动结果，需要肌肉有不同的素质表现。肌肉素质或运动能力的高低，由神经系统、运动系统、呼吸系统和循环系统的能力共同起作用，其中起决定作用的是运动系统中的骨骼肌。爆发力、速度素质、耐力素质、力量素质、灵敏协调素质、柔韧素质和肌肉的体积，都是由骨骼肌决定的，骨骼肌就是我们通常说的肌肉。

本书主要解决这两大问题：如何发展各类身体素质和控制体内脂肪比例（BMI 值）。书中尽量不用专业术语讲解，而采用通俗易懂的文字描述。有时为了简捷，也难免会使用一些专业术语。因此，有必要先做一些运动、生理方面的知识介绍。

一、运动轴和运动面

身体运动，首先要了解运动轴和运动面，才能清楚地知道肢体在空间内的运动方向。如图 1.1 所示。

准确描述肢体动作，表述为"某部位在哪个面内绕哪个轴做运动"。比如可将从"立正"姿势起，两手臂到侧平举的运动描述为：手臂在额状面内绕失状轴，在肩关节处外展。

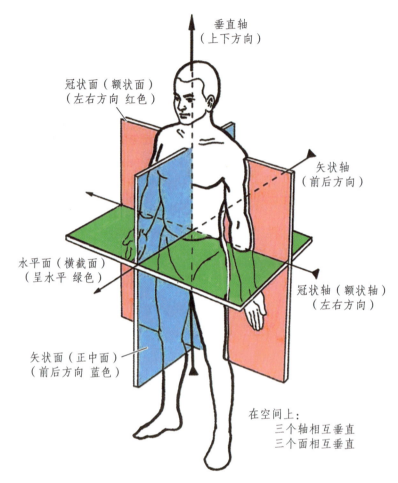

图 1.1　人体运动轴和运动面

二、抗阻训练身体基本姿势

（一）站姿

两脚开立与肩同宽（有些动作要求并脚）、脚趾朝前或略显倒八字、紧腿收臀、收腹立腰、挺胸沉肩、端正头部、重心压在脚弓处。如图 1.2 所示。

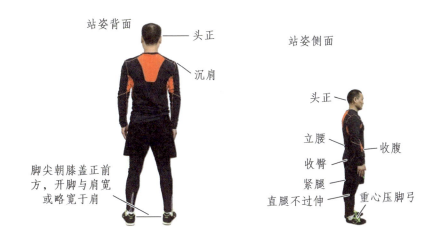

图 1.2　站姿

（二）坐姿

两脚开立成倒八字、脚趾朝膝盖正前方、双脚踏实着地、收腹立腰、挺胸沉肩、端正头部，如果背部有靠板，腰、背和臀部紧贴靠板。如图1.3 所示。

图 1.3　坐姿

后面内容涉及站姿或坐姿基本姿势时，不再具体讲述动作要领。

三、最大重量或 1RM

最大重量，又称极限重量、最大负荷，就是近些年健身房最常用的 1 RM。RM 是英文单词 Repetition（重复、反复）和 Maximum（最大量）的缩写。人体或某个肌肉部位克服阻力只能完成一次动作的重量，称为该人体或该肌肉部位克服阻力的最大重量，即 1 RM。比如：某人负重 100 公斤（1 公斤 = 1 千克）半蹲，有且只能完成一次，他的半蹲 1 RM = 100 公斤。

随着训练水平的提高，1 RM 值也会提高，当连续几天都比较容易完成每组个数时，或者定期 1~2 月，就要测试一次 1 RM 值。

如果没有测试 1 RM 值，可用爱普利（Epley）公式粗略估算。公式如下：

1 RM = [1 + (0.0333 × 完成的次数)] × 使用的重量

（公式源自美国作者吉姆·斯托帕尼所著的《肌肉与理论》）

例如，某人用质量为 20 磅（9.1 千克）的杠铃，完成 10 次站姿杠铃弯举，练习方法是站姿，反握杠铃，握距与肩同宽，肘关节紧贴腰间侧面，调匀呼吸，肌肉工作范围从"原始位置"到"顶点位置"，爆发式地快速完成。此人肱二头肌的 1 RM 值计算如下：

1 RM = [1 + (0.0333 × 完成的次数)] × 使用的重量
= [1 + (0.0333 × 10)] × 20
= 26.66 磅（12.13 千克）

四、肌肉工作的范围

肌肉工作的范围，是肢体动作从开始到结束，分别从原始位置或初始位置，到极限位置或顶点位置的距离。原始位置是肢体做动作前的准备姿势，此时，主要肌还没有克服阻力，处于放松状态；初始位置是主要肌开始克服阻力收缩之初时肢体的位置；极限位置是主要肌克服阻力收缩末尾时肢体的位置；顶点位置是主要肌完成克服阻力，且肌肉刚好处于放松时肢体的位置。以仰卧起坐为例来说明，仰卧于平垫上，并腿屈膝，双脚全脚着地，双手摸头侧（或两耳，或合抱于胸前），腹直肌还没有发力，背部没有离开垫子，此时躯干的位置叫"原始位置"；腹直肌开始收缩、紧张，背部离开垫子处于悬空状态，此时躯干的位置叫"初始位置"；腹直肌继续收缩，躯干接近垂面，并与垂直面保持较小的角度，腹直肌仍然处于紧张状态，此时躯干的位置叫"极限位置"；腹直肌再收缩一小点后，伸直的躯干到达垂面，即躯干与地面垂直，此时躯干的位置叫"顶点位置"。如图 1.4 所示。

图 1.4　肌肉的工作范围

腹直肌在原始位置和顶点位置时处于放松状态，在初始位置和极限位置时处于紧张状态。以此类推，肢体克服阻力运动，都要清楚肢体的原始位置、初始位置、极限位置和顶点位置。

五、肌肉收缩的方式

肌肉收缩的方式有向心收缩、离心收缩和等长收缩。向心收缩是指肌肉收缩时其长度在缩短；离心收缩是指肌肉收缩时其长度在增加；等长收缩是指肌肉收缩时其长度不发生变化。以反握引体向上为例：引体向上的过程中，肱二头肌做向心收缩；身体下落的过程中，肱二头肌做离心收缩；引体向上或下落某个位置静止不动时，肱二头肌做等长收缩。

六、运动中起不同作用的肌肉

肢体产生每个动作，通过主要发力的肌肉、次要发力的肌肉和辅助发力的肌肉共同协作来完成，分别简称为主要肌、次要肌和辅助肌，这样简称便于没有医学知识的广大群体进行理解和记忆。

（一）主要肌

完成动作时，主要发力的肌肉称作主要肌。在医学领域，属于原动肌中的主动肌，肌肉做向心收缩或离心收缩，其长度沿自身长轴缩短或拉长，在对抗阻力且产生位移中起到了决定性的作用。主要肌中，排列也有先后，起更多作用的那块肌肉排在前面。

（二）次要肌

是指完成动作时，与主要肌相比，起的作用要小一些的肌肉。在医学领域，属于原动肌中的副动肌，协助完成动作或仅在动作的某一阶段起作用，其发力、长度变化较小。

（三）辅助肌

指辅助主要肌和次要肌完成动作的肌肉。肌肉是做静力性等长收缩，医学领域称之为固定肌。

比如反握杠铃弯举，肱二头肌和肱肌是主要肌，肱桡肌和旋前圆肌是次要肌。又如杠铃直腿硬拉，主要肌是半腱半膜肌、股二头肌长头和臀大肌，次要肌是竖脊肌，辅助肌是小腿后肌群等。

七、最大心率和靶心率

分析人体运动强度，常采用的心率（每分心率）指标有安静心率、最大心率、心率贮备、靶心率和靶心率范围。安静心率是指在安静状态下一分钟的心跳次数，正常成年人的安静心率在 60~100 次/分，女性略快。通常在清晨醒来时测试安静心率。其他心率在运动中或运动刚停止时，测试 10 秒钟，所得数值乘以 6 后的值即为每分心率。心率贮备是指最大心率与安静心率之差。最大心率是指运动时，心率增加到极限的水平，最大心率随年龄增长而逐渐减小。

成年男性的最大心率 = 220 - 年龄

成年女性的最大心率 = 226 - 年龄

靶心率是指运动训练中欲达到的心率。靶心率的合理范围计算公式：

靶心率范围 = (安静心率 + 心率储备 × 60%) ~

(安静心率 + 心率储备 × 80%)

如某男生 20 岁，安静心率 70 次/min，他的最大心率为 220 - 20 = 200 次/min，心率储备为 200 - 70 = 130 次/min，靶心率范围是[70 + (200 - 70) × 60%] ~ [70 + (200 - 70) × 80%]，即 148 ~ 174 次/min。

相关研究显示，运动时心率在靶心率范围内的运动强度是最佳的。

八、与人体运动有直接关系的人体系统

（一）神经系统

由人体的大脑或脊髓中心接收和发出指令，使肢体产生运动。

（二）运动系统

由骨、骨连接和骨骼肌组成，约占成人体重的 60%，是人体运动的主要部分。成年人有 206 块不同形状的骨头，有 600 多块形态和大小各异的肌肉。

（三）呼吸系统

主要是肺部，在体内气体交换中起主要作用。肺活量的大小跟呼吸系统的能力有关。

（四）循环系统

就是心脏把新鲜的血液泵出，并通过血管输送到人体的各个组织、

器官，然后又流回心脏的过程。

九、热身与放松

人体肌肉纤维组织结构：主要指骨骼肌的结构。骨骼肌是附着在骨骼上的肌肉。肌纤维成束状排列，每条肌肉纤维外包有一层很薄的肌肉膜，许多肌肉纤维组成肌束，外部又被肌束膜包裹，在整个肌肉外面还有一层肌外膜。它们之间都有粘连，热身活动就是使它们之间的粘连减小，增大活动幅度，从而避免出现因运动时肌肉收缩而产生的拉伤。同时，热身活动也会让呼吸系统和循环系统预先进入工作状态，防止突然发力做动作，而导致呼吸或循环障碍。

热身的方法通常有慢跑、徒手操、伸展练习，以及对要活动的部位加热等。具体的热身方法，本书不做具体介绍。

运动后的放松容易被忽略，如果运动后不立即放松，会影响运动中疲劳肌肉的机能恢复，以及运动中所产生的乳酸的排泄。详见第七章。

十、着装

运动着装很容易被忽视。不同运动项目要有相适应的运动装和运动鞋，不合体的着装，可能会导致运动损伤，甚至伤亡，所以，着装问题要引起重视。

十一、运动与饮水

运动中口渴时，小口饮水 1~2 口，运动后先少量饮水，待呼吸、心率接近正常后才能足量饮水。

十二、运动后进食和洗澡

运动会出汗，在运动停止 30 min 后，且没有汗液排出时，进食或洗澡。

十三、补充盐分

如果连续多日大运动量，出汗较多，感觉身体乏力，应适当补充盐开水，方法是：一勺盐放碗里或杯中，加开水溶化，待温热时饮用。

十四、运动过度

有些年轻人，给自己定的运动目标太高，或者是不懂得运动量的安排，盲目增加运动量，就可能导致运动过度。具体症状是：反应缓慢，食欲不振、恶心、呕吐、头痛、头晕、心烦意躁、睡眠障碍，肌肉持续酸痛、压痛、僵硬，尿液呈茶色或红葡萄色、少尿甚至无尿，无缘无故腹泻，容易感冒等。

过度运动严重的，可能造成横纹肌溶解。简单说，就是各种原因导致横纹肌细胞坏死，分解的细胞内容物，比如肌红蛋白、肌酸激酶等小分子物质随着血液循环进入肾脏，堵塞极细的肾小管，无法排除，导致肾脏功能受损，多数伴有急性肾衰竭和代谢紊乱。

出现上述症状时要立即停止运动，并及时就医。

十五、女性生理期如何运动

女性在生理期，适度进行轻量运动，无跳跃、无屏气和避免腰腹部的静力性练习，如不宜游泳、跑步、跳远、跳高和平板支撑等，适度进行慢走、柔韧练习等，柔韧练习要减轻腰腹部的过度拉伸。

十六、少年儿童的训练

年龄在十四、十五岁以下的少年儿童，不宜进行较重的抗阻练习，只适合进行肢体伸展练习和动作的技术练习，比如：跑、跳、球类运动、游泳、体操、轮滑、冰上运动、悬吊、自重抗阻、轻负重运动和爆发力练习等。运动量安排的原则是：时间较短、强度稍大、密度小些。

十七、老年人如何运动

由于老年人的肌肉和骨质开始萎缩、骨质疏松、呼吸力量减弱、肌力下降明显、关节和韧带的弹性减弱、大脑反应速度减慢且易疲劳、运动后恢复时间延长等，所以，老年人不能爆发性用力和做轻重量以上的抗阻练习，适合做徒手运动、拉伸练习、慢走、适度快走、无对抗性身体接触轻运动量的有氧运动，运动时间控制在 5~30 min 内。

十八、产后如何运动

不管是自然分娩还是剖腹产，刚生产后住院期间，正常情况下，自然分娩 3~5 天，剖腹产 5~7 天，需要在医生的指导下，进行一些轻度的肢体活动。

产后出院，先进行一些轻微运动，如家中漫步、徒手操、广播体操、柔韧练习、伸展练习，待自我感觉身体机能接近怀孕前的状态，就可以参加自己喜欢的、熟悉的运动项目，比如快步走、慢跑、跳健身操、抗阻练习、瑜伽、游泳等。记住，务必遵循以下三个原则：伤口部位不要过多用力和做拉伸，运动量要循序渐进，持之以恒。

十九、久病后如何运动

当较长时间生病康复之后，以及许久没有运动了，要开始运动锻炼时，务必注意遵循循序渐进的原则，根据自身体质，运动量由小开始，逐步增加。先从轻度有氧运动开始，每周 2~3 次，隔天进行，一天有氧运动，一天做伸展练习。做有氧运动的运动量，以自我感觉兴奋感来了，想再加力运动时，就停止练习为宜，然后再配合一些放松运动就可以了。

二十、有特殊疾病人群的运动

患有特殊疾病，比如糖尿病、心脏病、高血压、哮喘、中风等病症的人群，适合做轻度的有氧运动、中低重量的抗阻练习和伸展练习，并且，组间休息时间延长到自我感觉心率舒缓时才进行下一组练习。在医生的指导或监督下开展运动，并随身携带自己平时急需的药物。

二十一、运动创伤的处置

运动创伤的分类很多，有急性的也有慢性的，有开放性的（表皮裂开）也有闭合性的（表皮完好），有肌肉损伤也有关节韧带损伤，有骨折也有内脏器官损伤，有轻度损伤也有重度损伤等。

当伤情发生时，不管是哪类损伤，现场有医疗救护条件的，医护人员立即到场处置；没有医疗救护条件的，要正确判断伤情，并做出相应的决定。大致有以下三种处理方案。

（一）轻伤、慢性损伤、擦伤

患者意识清醒，完全能自主活动。擦伤，有轻微出血，涂抹碘附消毒即可，其他情况，到医院由医生给予治疗。

（二）急性闭合性损伤

患者意识清醒，疼痛厉害，如果患者能自己行走，且能自主活动伤肢，先就地用凉水持续冲淋 8 ~ 10 min，然后固定伤肢，到医院看医生；如果患者不能动弹或者肢体有异形，立即拨打 120 急救电话，保持受伤时的身体姿势，就地等待救援，此时，同伴可以帮助实施 8 ~ 10 min 的冷水冰敷，或者用冰袋、冰块、冰糕实施冰敷，并注意保暖。

（三）出血严重、头部受伤或昏迷

首先是拨打 120 急救电话，告知伤者准确位置，保暖，等待救援。如果出血，先按压伤口或短时间按压供血动脉止血；心跳停止，立即实施心肺复苏；呼吸停止，立即实施人工呼吸。

二十二、防止运动性中暑

运动性中暑的症状有：昏迷、精神错乱、激动、抽筋、呕吐、腹泻、低血压、皮肤干燥。

预防措施：避免在高温下运动，尤其是长时间运动，每次训练 50 min 后至少休息 10 min；不要在闷热的环境中运动，比如高温天气，在不通风、闷热的健身房锻炼；运动前，睡眠和休息都要充分；运动中少量补充水分；运动后，少量多次补水和适量补充盐水。

一旦出现中暑症状，要及时就医。

二十三、防止运动性冻疮

冬季户外运动，容易出现的冻伤部位有手足末端、鼻尖、耳和男性外生殖器。所以，运动前要加强这些部位的保暖措施。

第二章 运动训练

　　每个人在开始训练之前，首先要清楚自己训练的目的，是发展肌肉的速度素质、力量素质、爆发力、耐力、增肌，还是减脂，只有弄清楚了训练的目的，根据自己的需求，按照科学方法，制订相应的训练计划，并踏踏实实、保质保量、持之以恒地努力，才能更准、更快地实现自己的目的。

第一节　身体素质分类

一、爆发力素质

　　是人体神经系统指挥肌肉系统在瞬间完成一个动作的能力。爆发力的强弱与人体神经系统的传导速度和肌肉工作的能力有关。比如，跳高时的起跳，投掷铅球出手前的推手拨指，都需要强大的爆发力。

二、速度素质

　　是人体肌肉系统为完成某一段移动而所用的时间多少。比如：50米跑、50米蛙泳等。

三、肌耐力素质

　　肌肉持续工作的能力，包括有氧耐力和无氧耐力。如扮腕力运动，当双方力量相当，处于持续对抗状态时，谁的肌肉耐力强就会取胜。

四、无氧耐力和有氧耐力素质

无氧运动是相对于有氧运动而言，运动时，氧的消耗大于供给，能量是靠无氧代谢提供的，叫无氧运动，完成无氧运动的能力叫无氧耐力。运动时，供氧充足，体内能源物质氧化分解提供能量以完成的运动叫有氧运动，完成有氧运动的能力叫有氧耐力。有氧运动和无氧运动成绩的好坏，取决于有氧耐力和无氧耐力的水平。倾尽全力的 100 米跑是无氧运动。短跑完毕易出现"重力性休克"，因此，短跑完毕不要站立不动，要继续慢跑一段。长跑运动属于有氧运动。

五、力量素质

指人体或身体某个部位的肌肉克服某个阻力所表现出来的能力。

六、灵敏协调素质

简单地说就是人体或人体局部完成某一系列动作的反应快慢和控制能力。

七、柔韧素质

指人体肌肉、关节的延展性和活动程度。

八、肌肉的类型及特征

每块肌肉由数条肌纤维组成，肌纤维有红肌纤维和白肌纤维两种，并按一定比例共同存在于每块肌肉中。红肌纤维对刺激产生较慢的收缩反应，也称为慢肌，耐力素质训练就是训练红肌纤维的能力。白肌纤维对刺激产生较快的收缩反应，也称为快肌，爆发力、动作的快速素质训练就是训练白肌纤维的能力。

九、肌肉体积大小

每块肌肉由数条肌束组成，每条肌束由多根肌纤维组成，每根肌纤维由多节肌小节组成，肌小节才是具有收缩性的结构单位。每块肌肉的体积由肌纤维的数量和肌纤维生理横断面积的大小共同决定。通过有效的训练可以增加每条肌纤维的生理横断面积；也有研究认为，增强肌力训练还可以增加肌纤维的数量。

十、脂肪

脂肪存在于人体的皮下组织和腹腔内。人体内脂肪储存量很大，肌肉运动时其是主要能量来源，同时，也是抗寒的主要能量提供者。所以，游泳及冬季运动项目的运动员体内脂肪含量比例偏高。

脂肪比例高了，表现出来的外观形象就是胖或肥胖。人体脂肪率（简称"体脂率"）是人体内脂肪占体重的百分比。体脂率的高低可以看出人体的肥胖程度。通常情况下，30 岁以下男生的体脂率为 14% ~ 20%，成年男生体脂率一般为 17% ~ 23%；30 岁以下女生的体脂率一般为 17% ~ 24%，成年女生体脂率一般为 20% ~ 27%。如果男性体脂率在 5% 左右，女性的体脂率在 12% 左右，属于体脂率极低的水平，不宜再低了。

人体的肥胖程度，目前最多的是用 BMI 指数来衡量。BMI 指数计算公式是：$BMI = \dfrac{体重\ (kg)}{身高\ (m)^2}$。我总结的简易记忆语句是"公斤米平方"。例如，某男生身高 1.72 米，体重为 66 公斤，他的 $BMI = \dfrac{66\ kg}{1.72 \times 1.72} = 22.3$。

成人 BMI 的不同数值，代表相应的体质。18.5 以下，体型瘦弱；20 ~ 25，体型适中；25 ~ 30，体型偏胖；30 ~ 35，体型肥胖；35 以上，非常肥胖。理想的 MBI 指数是 22.5。BMI 不适合用来判断肌肉发达人群的肥胖程度，比如健美运动员和肌肉型体质的人。BMI 参数确立已经多年，随着生活水平的提高，BMI 值总体偏大，经过调查，BMI 值范围在 25 ~ 27，其体质也属于正常健康人群。

影响 BMI 指数（造成肥胖）的因素：第一，过多摄入高脂、高糖食物；第二，饮食过量；第三，不运动或运动不足；第四，睡眠过量；第五，胰岛素水平升高（这是较新的研究成果）；第六，遗传因素；第七，病理因素，比如中枢神经控制异常、激素分泌异常、较长时间的情绪失调导致内分泌失调等。

第二节 素质训练原则和方法

一、爆发力素质的训练原则

（一）阻力大小和完成次数

1 RM 的 90% 左右，完成 4~6 RM（做 4~6 次）。

（二）周频率（每周练习的次数）

2~3 次。

（三）训练时段

每次素质练习的开始时段。

（四）组数

非专业 3~5 组，专业 5~9 组。

（五）组间休息时间

4~5 min。

（六）练习部位

2~3 个部位，上、下肢和躯干交替搭配。

（七）用力时间

快速发力，次快速（比快速略慢）落下。

（八）呼吸方式

闭气完成。注意，不要吸气太多，具体方法是在练习前，缓慢地做 1～2 次腹式深呼吸（吸气时把空气送达腹腔），调匀呼吸，调正身体姿势，然后少量或半量吸气、闭气，开始练习，在发力末端稍作停顿时换气。

（九）用力范围

从原始位置到顶点位置。

（十）注意事项

（1）预先在教练或同伴的帮助下，准确测试所要锻炼部位的 1 RM 值。

（2）由于情绪、生理等原因，练习时根据身体状况，适当增、减阻力值，或调整每组的次数上限。

（3）加强保护。

（4）1～3 RM 重量的练习，要在教练或同伴的监督、保护下进行。

（5）放下器械，立刻做放松练习。

（6）举重运动员通常不做到力竭，但是，最后一组做到力竭，效果会增加。

（7）饮食方面，非职业运动员的膳食，注意适当补充牛肉、豆类、鱼类等高蛋白肉类；职业运动员的膳食，由专门营养师指导。

二、速度素质的训练原则

速度素质是指人体快速运动的能力，由反应速度、动作速度和移动速度组成。反应速度是指人体对各种信号刺激（声、光、触等）快速做出应答的能力。正常人体的反应时为 0.15～0.4 s。反应快慢有遗传因素，也可以通过训练缩短反应时。动作速度是指人体或人体某一部分快速完成动作的能力。移动速度是指人体在特定方向上位移的速度。

（一）反应速度（反应时）的训练

1．信号刺激

信号刺激的种类有视觉信号、听觉信号和触觉信号，预先说明根据信号做出对应的反应，然后突然发出信号，让训练者做出相应的反应。通过一系列、多次、长期的训练，可提高训练者的反应速度（反应时）。信号源有顺口令、反口令、数字、文字、鸣哨、鸣枪、手势、旗示、固定方向信号源、变换方向信号源、固定出现信号物、不定时间出现信号物等。

2．移动目标

移动目标练习法，是用一个或多个移动目标，让训练者见到或听到后立即做出事先约定的反应。适合开展三大球类项目、击剑、乒乓球、排球、羽毛球、冰球等项目的反应速度训练。

反应速度通常是在教练或同伴的指挥下练习，个人难以独自通过练习提高。

（二）动作速度

动作速度是指人体或人体某一部分快速完成某一动作的能力。提高动作速度需要从规范动作技术、提高肢体柔韧性、增强肌肉力量和爆发力这四方面着手。一个有经验的教练，要判断影响动作速度的原因，并有针对地开展训练。

1．规范技术动作

对所要完成的技术动作，精准掌握动作的幅度、力度、角度、高度、深度、发力时机等，并没有多余的附加动作，可以较好地提高动作速度。

2．提高柔韧性

体育运动中，有很多动作需要自身肌肉、肌腱、韧带和皮肤有较好的延展性，同时还需要关节有较大的活动度。加强相关练习，可以提高柔韧性。

提高柔韧性的练习有弹振式练习、静力性练习、加压练习法和 PNF

（proprioceptive neuromuscular facilitation，本体神经肌肉促进技术）练习。弹振式练习就是跟随口令节拍，一拍一动作地练习。加压练习法是在静力性拉伸动作的基础上附加施压，持续时间达 3～5 min，甚至更长。静力性练习和 PNF 练习的相关内容详见第七章第三节。

3．增强肌肉力量和爆发力

详见后面相关章节的讲解。

4．动作速度训练列举

（1）跟随口令、击掌或者节拍器的节奏，练习摆臂、摆腿、抬腿、踢腿和并腿等动作。

（2）跑的专门练习，如小步跑、原地或行进间高抬腿跑、后蹬跑、交叉步跑等。

（3）短距离往返移动，如在跑道中间站立开始，信号发出后，快速移动用手触摸跑道线，触摸点可以定点，也可以呈阶梯状逐步延长或缩短。

（4）轻抗阻、快动作训练，比如，小腿绑轻重量沙绑腿，进行快速跑步和短跑的相关练习；标枪运动员，用比标枪重或轻 10%～20% 的沙包，练习投掷出手速度。

（三）移动速度

不同运动项目的移动方式不同，要有针对性地进行训练。比如短跑运动员和滑雪运动员的移动速度训练区别很大。移动速度受反应速度和动作速度的影响较大，反应速度和动作速度是移动速度的基础，只有打好基础才能提高移动速度。

练习专项移动速度，要结合专项特点而设计。比如篮球运动的移动速度可测试往返两条底线（端线）之间的时间，排球运动的移动速度可测试往返两条边线之间的时间。

三、灵敏素质训练原则

灵敏素质也被称为灵敏协调能力。在运动中，反应、启动、转身、移动、躲闪等动作表现的快慢，被视为灵敏素质，表现越快说明灵敏素质越好。灵敏素质的优劣，跟速度素质成正比关系，还跟关节的结构、人体肌肉的丰厚程度有关。

做动作的快慢，需要神经系统做出快速反应和运动系统做出快速的应答，运动系统的应答工作是由肌肉的收缩产生的，肌肉要有力，也必定要有一定的体积，如果肌纤维增粗，肌肉越丰厚，灵敏性越差。所以，对灵敏性要求较高的运动项目，不能把运动员的肌肉训练得粗壮。肌肉体积和灵敏素质，既相辅相成，又互相矛盾。比如，羽毛球、乒乓球运动员，就不能像举重运动员那样强壮。

四、肌耐力和力量训练（综合力量训练）原则

肌耐力和力量往往是相互关联的，各自的训练方法略有不同。肌肉体积增加，其肌肉力量和肌耐力都会相应增加，但相对力量增加有限。比如，身材条件相近的纯健美型运动员和综合力量型运动员（如搏击、特警、运动员等）相比，后者的肌耐力和力量都要占上风。纯粹以增肌为目的，肌肉练得比较死板，没有活力，反应速度、灵活性、耐力和力量都差。所以，既增加肌肉力量、又灵活、还能耐久的训练和健美运动员的训练是完全不同的。比如武警战士、消防人员、特警、军人以及许多体育运动项目的运动员，他们的肌肉就需要接受综合训练。

具体的抗阻训练内容如下：

1. 阻力大小和完成次数

1 RM 的 80% 左右，完成 8 ~ 15 RM。

2. 周频率

2 ~ 3 次。

3. 训练时段

在爆发力训练之后；当日若不训练爆发力，可以放在训练开始时段。

4. 每个动作练习组数

非专业 2 ~ 4 组，专业 5 ~ 9 组。

5．组间休息时间

常规 3～4 min，大运动量 1～2 min。

6．练习部位

4～6个部位，上、下肢和躯干交替搭配。

7．用力时间

快速发力，次快速落下。

8．用力程度

每组做到力竭。

9．呼吸方式

调匀呼吸即可。

10．用力范围

从原始位置到顶点位置。

11．注意事项

（1）预先在教练或同伴的帮助下，准确测试所要锻炼部位的 1 RM 值。

（2）由于情绪、生理等原因，完成 8～12 RM 或 8～15 RM 都没有关系，重要的是每组练习的最后一次要尽可能地完成。

（3）最后两次练习的保护。

（4）放下器械，立刻做放松练习。

（5）饮食。

非专业运动员，常规进食，注意适当补充牛肉、豆类和鱼类等高蛋白类食品；专业运动员的饮食，需要接受专门的营养师指导。

五、有氧爆发训练法

（一）弹射式训练法

发展爆发力。

1．阻力（负荷）大小

1 RM 的 30%～50%，或者略高于运动项目器材重量的 20%～30%。比如举重运动员挺举 1 RM = 100 公斤，有氧爆发力练习的负荷为 30～50 公斤；男子标枪运动员比赛用标枪的重量是 800 g，有氧爆发力练习使用的小球重量为 960～1 040 g；五号足球的重量是 410～450 g，有氧爆发力练习使用的足球重量约是 550 g。

2．材质

阻力物件可以是任何材质、形状，只要安全、便于抓握、便于发力以及结实耐用便可。有些需要特制，比如腿部爆发力练习的足球，是把五号足球打开，填充泡沫后再缝合，不加气使用。

3．练习方法

把练习物体用极快的速度射出，如抛射、弹射、推射、踢射等，或者按照比赛的动作练习，在完成整个动作的过程中，动作从开始到结束，处于一直加速运动的状态。

4．训练时段

技术训练后，或体能训练开始时段。

5．周频率

2～3 次。

6．每组次数

5 次左右。

7．每个动作练习组数

非专业 5～8 组，专业 8～12 组。

8．组间休息时间

常规 3～4 min，专业级、大运动量 1～2 min。

9．练习部位

2～3 个部位，上、下肢和躯干交替搭配。

10．用力时间

快速发力，次快速落下。

11．用力程度

不能做到力竭。

12．呼吸方式

调匀呼吸即可，或吸入少量空气的半闭气。

13．用力范围

从原始位置到顶点位置。

14．补充

（1）例：铅球运动员要发展肱三头肌和屈腕肌的爆发力，双手持 1 ~ 2 公斤的实心球，从头后向前上方抛出；足球运动员踢腿爆发力练习，用五个五号足球填充泡沫加重，一字放好，练习者逐个、连续地完成五次踢球。

（2）一定要结合运动项目特点，设计弹射方式和物件。

（3）设计动作时安全为首。比如做仰卧杠铃弹射，最好是用史密斯机。

（二）三十秒组合冲刺训练法

锻炼效果：保持已有的肌肉、少量增肌和很好减肥。运动时的减脂效果不如抗阻运动，但是，运动后的减脂效果比抗阻运动好得多。

1．练习方法

发令开始，个人根据自己的能力，全速跑 30 秒。

2．周频率

3 ~ 6 次。

3．训练时段

上午 9 ~ 11 点，下午 3 ~ 6 点为佳。

4．练习组数

4 ~ 8 组。

5．组间休息时间

4 min。

6．练习场地

田径运动场。

7．补充

（1）本方法可以单独练习，也可以在 20 RM 抗阻练习的休息间隙，穿插练习。

（2）200 米变速跑就是此方法的演绎：地点在田径场，先全速跑 200 米，然后缓慢走 200 米，走步的时间控制在 3～4 分钟，如此循环 4～8 组。在家里或健身房的跑步机上完成也可以。

（3）用此方法来减脂，时间短，效率高，适合没有较多时间在健身房进行减脂运动的人群。

（三）三十秒高强度组合训练法

锻炼爆发力和肌耐力（力量耐力），适合有综合力量要求的项目，比如全能运动、铁人三项、中距离（地面和水上）运动项目、长距离运动项目的冲刺、举重，以及武警、消防救援，特警等。

1．方法

抗阻各种中低负荷（1 RM 的 20%～50%），做单关节、多关节，或者复合运动，比如，扛着 20 公斤杠铃做原地高抬腿跑，连续快速挺举 20 公斤杠铃。

2．每组时间

运动 20 s，休息 10 s。

3．练习组数

6～12 组，根据训练水平掌控组数。

4．用力方式

爆发式用力。

5．呼吸方式

调匀呼吸。

6．周频率

3～6次。

7．训练时段

上午9～11点，下午3～6点为佳。

8．补充

（1）前面每组不达力竭，最后一组达到力竭，会增强训练效果。

（2）还可以把20 s的运动，穿插在20 RM的抗阻减肥训练休息间隙，成倍地增加减脂效果。

（四）四十秒高强度组合训练法

增加爆发力、增肌和增加力量。

1．每组时间

运动20 s、休息20 s为一组。

2．组数

15～30组。

3．周频率

2～4次。

4．其他条款

同上面的"三十秒高强度组合训练法"。

5．注意事项

该训练方法的强度很大，必须是有一定训练基础的人员才能使用，最好在教练或同伴的监督下进行。

六、变化抗阻训练法

（一）末端疲劳法

1．适用范围

举重运动，增加力量。

2．具体方法

前面有氧爆发训练法中的每种练习，每组都不做到力竭，负荷重量控制在多做 1~2 个就达力竭的程度，最后一组一定要做到力竭。

3．注意事项

有的举重教练要求，所有练习组都不达力竭，但是，澳大利亚研究人员发现，最后一组做到力竭会更有效地提高运动成绩。

（二）组数递减法

1．适合范围

适合于增强力量耐力，比如全能运动、铁人三项、中距离（地面和水上）运动项目、长距离运动项目的冲刺、举重，以及武警、消防救援、特警等。

2．阻力大小

15~20 RM。

3．具体方法

确定一个训练周期，比如四周；确定某部位每天练习的总次数在这个周期中保持不变，下一周的训练组数比上一周减少一组，每组的练习次数增加，组间休息不变。

4．组间休息

2 min。

5．用力时间

快速完成。

6．呼吸方式

调匀呼吸。

7．用力程度

每组做到力竭。

8．用力范围

从初始位置到极限位置。

9．应用举例

比如用"哑铃弯举"练习肱二头肌。

第一周：第一组 20 次、第二组 18 次、第三组 16 次、第四组 14 次、第五组 12 次、第六组 10 次、第七组 8 次，共计 98 次。

第二周：第一组 20 次、第二组 19 次、第三组 18 次、第四组 16 次、第五组 14 次、第六组 11 次，共计 98 次。

第三周：第一组 23 次、第二组 22 次、第三组 21 次、第四组 20 次、第五组 12 次，共计 98 次。

第四周：第一组 26 次、第二组 25 次、第三组 24 次、第四组 23 次，共计 98 次。

（三）增减负荷法

1．适合范围

增强力量、爆发力。

2．阻力大小

2 ~ 5 RM。

3．具体方法

方法有两种，分别是负荷递增组数递减法和负荷递减组数递增法。确定一个训练周期，分成几个阶段，每个阶段负荷递增、组数递减或者负荷递减、组数递增。

4．组间休息

3 ~ 4 min，超大运动量 1 ~ 2 min。

5．用力时间

快速完成。

6．呼吸方式

调匀呼吸，适度闭气发力，动作末端快速换气。

7．用力程度

不达力竭。

8．用力范围

从原始位置到顶点位置。

9．补充

（1）组数和次数，每种动作，非专业 3～6 组，专业 5～9 组。

（2）负荷递增组数递减法：例如，三周的训练安排，第一周 5 RM 做 X 组，第二周 4 RM 做 Y 组，第三周 3 RM 做 Z 组，且 $X>Y>Z$（如 $X=5$，$Y=4$，$Z=3$）。

（3）负荷递减组数递增法：例如，三周的训练安排，第一周 3 RM 做 X 组，第二周 4 RM 做 Y 组，第三周 5 RM 做 Z 组，且 $X<Y<Z$（如 $X=3$，$Y=4$，$Z=5$）。

（四）静力训练法

1．适合范围

增肌、增力。

2．阻力大小

8～12 RM。

3．具体方法

在增肌、增力的训练中，每组动作的最后一次不立即释放阻力，而是在"最费力点"保持静止不动，肌肉做等长收缩，直至力竭才缓慢释放阻力，此时段目标肌肉做离心收缩。

4．最费力点

完成动作时阻力力矩最大的位置。例如站姿杠铃弯举锻炼肱二头肌，小臂与大臂成 90° 时，就是该动作的最费力点，如图 2.1 所示。

图 2.1 最费力点

5．组间休息

2～3 min，超大运动量 1～2 min。

6．呼吸方式

增肌训练，肌肉用力时呼气，还原时吸气；增力训练，调匀呼吸，适度闭气发力，动作末端快速换气。

7．用力范围

增肌训练，从初始位置到极限位置；增力训练，从原始位置到顶点位置。

（五）离心收缩训练法

1．适合范围

增力、增肌。

2．阻力大小

1 RM 的 100%～130%。

3．具体方法

负荷在 1 RM 的基础上，再增加 10%～30%，练习者在最费力点控住阻力 3～5 s，如果不能保持 3 s 就要减少重量，超过 5 s 就要增加重量；到达承受极限时，让器械缓慢落下，此时，目标肌肉做离心收缩，此法由此而来。

4．练习组数

2～3 组。

5．每组次数

3～6 次。

6．组间休息

3～4 min。

7．用力时间

3～5 s。

8．周频率

每周 1 次。

9．呼吸方式

调匀呼吸，适度闭气发力。

10．用力程度

力竭。

11．用力范围

最费力点到原始位置或顶点位置。

12．补充

（1）此法运动量特大，要求充分热身，并且，训练安排在体力最充沛的时段，适合专业运动员使用。

（2）每个部位先练离心收缩法，接着完成 8～12 RM 常规运动量的 2/3。

（3）必须有保护帮助，练习者在最费力点摆好姿势，负荷由帮助者给予。

（4）举例：某人半蹲 1 RM = 100 公斤，离心收缩法训练的负荷为 130 公斤，练习者徒手摆好半蹲的姿势，帮助者把 130 公斤重的杠铃放置在练习者的肩上，练习者保持半蹲姿势独自扛着杠铃，坚持大概 3 秒就会控制不住，此时开始缓慢下降到全蹲，接近最底位置，帮助者再把杠铃抬起来，为完成一次离心收缩；紧接着，练习者站起，又做好半蹲姿势，重复第二次，依此循环。

（5）特大的运动量，有可能造成横纹肌溶解，运动后注意饮水充足，如有不适，立即就医。

（六）阶梯训练法

1. 适合范围

增肌、增力、减脂。

2. 阻力大小

8～20 RM。

3. 具体方法

根据阻力大小的范围，第一组为最小负荷（RM 数最多），第二组起，每组逐渐增加负荷，增加量在 5% 左右，同时，减少练习次数；反之亦然。比如增肌训练，第一组为 12 RM，第二组为 11 RM，第三组为 10 RM，第四组为 9 RM，第五组为 8 RM；或者把练习顺序倒过来。

4. 注意事项

每组的次数、组间休息、用力时间、呼吸方式、用力程度和用力范围，要根据增肌、增力、减脂的具体任务来确定（见前面相应部分）。

（七）波浪训练法

根据训练的具体任务，确定第一组负荷在负荷范围的中间值，第二组开始，依次增加负荷、减少次数或依次减少负荷、增加次数。其他的参照相应条款。

比如：爆发力训练，第一组为 5 RM，第二组为 6 RM，第三组为 4 RM，第四组为 5 RM，如此循环；增肌训练，第一组为 10 RM，第二组为 9 RM，第三组为 8 RM，第四组为 12 RM，第五组为 11 RM，第六组为 10 RM，如此循环。

七、动作编排原则

无论是各种体能训练，还是增肌或减脂锻炼，每个训练单元都会有不同的动作，这些动作的组合搭配要做到以下四点。

（一）主要肌的锻炼，要上肢、下肢和躯干交换进行

比如今天计划上肢、躯干和下肢各练一个部位，每个部位做五组，安排方法有二：一是循环法，每一轮练上肢一组、腰腹一组和下肢一组，循环进行；二是采用依次法，第一轮把上肢的五组动作练完，第二轮练腰腹动作，第三轮再练下肢动作。

（二）先、后动作的编排，尽可能地避免次要肌的重复

比如第一组练习"反握引体向上"，背阔肌是次要肌，第二组动作就不能是"躬身飞鸟"。

（三）上组动作的次要肌，不能作为下组动作的主要肌

比如第一组练习"反握引体向上"，下一组就不能练习"坐姿拉背"。

（四）同一部位的锻炼动作要多元化

比如胸大肌的锻炼，不能只做推胸，主要肌是锻炼胸大肌的动作都要使用，这些动作有"夹胸""仰卧飞鸟""斜上推胸""双杠曲臂伸"等。

本节讲述了诸多训练方法，使用时，进行多种变化、搭配，使训练内容丰富多变，练习者不会觉得枯燥，同时，对素质的增长也会起到"事半功倍"的作用。

第三节　辅助训练手段

训练的器材呈多样化，比如拉力器、弹力带、握力圈、臂力棒、健腹轮、瑜伽球、瑜伽垫、有氧踏板、呼啦圈、（钢）健身球、跳绳、毽球、训练绳等，通过科学地使用，健身效果也是有效的。具体方法花样繁多，本书不做专门的讲解。

第三章　增肌和减脂

第一节　增　肌

增肌就是人们说的健美训练，通过抗阻训练，增加肌纤维的横断面积，增大肌肉体积，改变肌肉的形状，从而达到塑造形体的作用。

训练原则如下：

1．阻力大小和完成次数

1 RM 的 80% 左右，完成 8~12 次，也就是说做 8~12 RM。

2．周频率

初学者和中老年 2 次，中级水平 3~4 次，高级水平 5~7 次。

3．其他时间

进行伸展练习和轻度的有氧运动。

4．训练时段

每天下午 4~9 点为佳。

5．练习部位

初学者和中老年，每次练 6~8 个部位；中级水平 10~14 个部位；高级水平 4~6 个部位，上、下肢和躯干动作交替搭配。

6．每个部位练习组数

初学者和中老年 1~3 组，中级水平 3~5 组，高级水平 6~10 组。

7．休息时间

（1）同一动作组间休息时间，常规运动量为 2~3 min，大运动量为 60~90 s，不能低于 30 s。比如坐姿哑铃弯举，练习肱二头肌，总共计划练习 9 组，每组完成 10 次，在此部位的练习中，不穿插其他部位的练习，完成第一组 10 次哑铃弯举，短暂休息后再接着练习第二组，以此类推，第三组、第四组……，这个短暂休息就是同一动作组间休息时间。

（2）大组间休息时间，常规运动量为 4~5 min，大运动量为 3~4 min，不能低于 3 min。比如，某天计划训练肱二头肌 5 组、肱三头肌 5 组、腹直肌 5 组以及竖脊肌 5 组，训练方法采用循环练习法和依次练习法。循环练习法是每一轮每个部位完成一组练习，每轮之间的休息为大组间休息时间；依次练习法是逐个部位完成所有计划练习的组数，再进行下一个部位的练习，不同部位之间的休息时间就是大组间休息时间。采用循环练习法：第一轮，练一组肱二头肌、休息、练一组肱三头肌、休息、练一组腹直肌、休息、练一组竖脊肌、休息，然后进行第二轮练习，总共用 5 轮完成所有练习，每轮之间休息的时间就是大组间休息时间；采用依次练习法：先完成 5 组肱二头肌的练习，再练习 5 组肱三头肌，然后练习 5 组腹直肌，最后练习 5 组竖脊肌，每个肌肉部位之间的休息时间，就是大组间休息时间。

8．用力时间

1~2 s 用力，1~2 s 落下还原。

9．用力程度

每组做到力竭。

10．呼吸方式

肌肉用力时呼气，还原时吸气。

11．用力范围

从初始位置到极限位置。

12．补充

（1）预先在教练或同伴的帮助下，准确测试所要锻炼部位的 1 RM

值。1 RM 值与训练水平成正比，因此，隔一段时间，比如 1～2 个月，或者原定的一个训练周期结束，要再次测试 1 RM 值。

（2）运动量的安排，在当天训练内容基础上，可以根据当天的身体状况，适当增减。

（3）每组练习的最后两次要尽可能地完成，在他人的帮助下完成也是可以的。

（4）自由重量练习，最后两次要加强保护。

（5）组间休息时，加深呼吸，简单放松练习。

（6）偏胖或肥胖者，开始练习时，要先减脂，再增肌；或者，在训练计划中安排每次减脂训练占总训练量的三分之二，增肌训练占总训练量的三分之一。

（7）饮食方面，初学者和中老年按照常规进食，中级水平需要适当补充糖类以及瘦肉、牛肉、牛奶、蛋类、豆类、鱼类等高蛋白食品，高级水平还要适当服用蛋白粉。

（8）结合前面讲的"有氧爆发训练法"和"变化抗阻训练法"中相符合的训练方法进行组合、穿插练习，使枯燥的抗阻训练变得内容丰富，使练习者兴趣倍增、更容易持久地坚持锻炼。

第二节　减脂（减肥）

在介绍减肥前，本书作者先要跟大家讨论一下戒烟的问题。如果某人吸烟已经养成习惯，其体内各器官已适应了有烟的环境，如果突然戒掉，这些器官都会不适应，内分泌会失调，身体会感到难受，情绪低落、变化无常等。有少数意志力强者能坚持戒掉，多数还是会复吸的，复吸后的吸烟量还会报复性、补偿性地增加。戒烟的正确方法是：逐渐减少，直至戒掉。比如某人平均一天吸烟一包，开始戒烟时，控制到每天吸烟 3/4 包；1～2 个月后，减少到每天吸烟 1/2 包；3～5 个月后，减少到每天吸烟 1/4 包；5～6 个月后，每天吸烟 1～2 支，这个时候，离成功戒烟不远了；之后几周，2 天吸 1 支、3 天吸 1 支，1 周吸 1 支，一般为 1～2 个月，就能成功戒掉香烟。

引用戒烟的道理，是要告诉大家，减脂和戒烟都有同样的生理规律，不要图快，要缓慢地减，身体才能承受，也不容易反弹。

减脂的最佳时间，有研究建议在早上 6:00 ~ 10:00，这个时段的运动，适合喜欢晨练者和上午有时间的人们；其他（她）的锻炼者，在下午或晚餐后运动都是可以的。依据造成肥胖的因素，不同个体根据自身情况，合理地制订、实施减肥计划。

各项减脂措施如下。

一、控制食物的摄入量

很多书籍中把这个问题讲得细致、专业，详细计算不同运动所消耗的能量，统计各种食材所含的热量，然后根据身体的消耗量来确定食材的摄入量。可是，人们根本就不会、也不去计算，还是该吃就吃，当然就无法通过饮食限制来控制体脂变化。

通过饮食控制减脂的简单方法是：逐步递减开始减肥运动前的食物摄入量。开始时段，1 ~ 2 个月内，减少自身食物摄入量的 10%，经过 2 ~ 3 个月的适应后，减少当前食物摄入量的 10%。比较肥胖和非常肥胖者，在半年后，再减少当前食物摄入量 10%，以后保持不变。同时，少吃甜食、高能碳酸饮料和多脂食物，控制美食的诱惑。

控制美食的经验如下。

（一）杜绝贪吃

人们的肠胃功能进化得很强大，并且，食物也做得美味可口。多数发胖的，都是难以抵挡色香味美食物的诱惑。假如午餐是大鱼大肉，晚餐一定要清淡，晚餐是大鱼大肉，第二天午餐便一定要清淡。

（二）适量进食

食物的摄入量掌控在下一餐饭前 30 ~ 60 min 有饥饿感为宜。

（三）减少零食

饭前饥饿感到来，不吃零食，等到正式用餐才进食。

（四）水填胃部

由于减少了食材的摄入量，每餐后胃部得不到满足感，应对办法是饭后喝点汤，你的胃部就会有一些满足感。

二、减少睡眠时间

开始减肥时，每天的睡眠时间在原来的基础上减少 30 min，进入适应期后，减少约 60 min。

三、属于遗传因素和病理因素的肥胖

一定要到正规医院接受检查，并在医生的处置和监督下进行减肥运动。

四、多活动

生活中，不要长坐不起，持续久坐 1 小时后，要进行 5～10 min 的简单肢体活动，方法是站起，原地做高抬腿走步、转腰踢腿、弯腰伸腰、摆臂转体等轻微活动；如果上下班或购物距离在 2～3 公里（1 公里 ＝ 1 千米）的，步行往返；能站着办公就不坐着，抓住空闲时间扭动腰肢，充分利用一切可能燃烧脂肪。

五、轻器械健身

在办公室或家里，准备一些小型、简单、便于携带的健身器械，随时方便运动使用，比如弹力带、哑铃、跳绳等。

六、做体操健身

在国家体育总局网站，学会任何一套广播体操，利用学习、工作、生活间隙，每天上午、下午和晚上，按照标准动作认真地练习，每次连续做 2～3 遍（把一套广播体操连续重复做）。

七、走步健身

详见第四章。

八、跑步健身

（一）技术要领

双脚不同时着地，短跑和中距离跑用前脚掌着地，长跑用脚底中部的外侧着地，再过渡到全脚着地，下坡时用脚跟着地滚动至全脚掌着地；头端正，目视前方，躯干正直、略微前倾，上坡前倾较大，下坡时上体保持直立；半握拳，自然屈肘，手臂在腰侧轻松地前后摆臂，如果跑累了，感觉手臂紧张，可以垂下手臂，随着跑动节奏，放松抖动双臂；健身跑步膝盖抬起高度较低，中、小步幅；呼吸方式，理论上讲用鼻子呼吸，实际是不可能的，常常用口鼻同时呼吸，微微张口，冬天跑步要舌抵上颚，调匀呼吸即可，如果感觉累了，可以深呼吸 2 ~ 3 次。

（二）跑步前

着适合跑步的运动装和运动鞋，并认真做好热身活动，主要加强下肢部位、髋部和腰部的活动，下肢部位的踝关节和膝关节要加强活动。

（三）跑步时间

上午 9 ~ 11 时，下午 3 ~ 6 时，有的练习者习惯在清晨起床后跑步，傍晚跑步也可。

（四）跑步道路

有充足的光线，道路平坦，运动场或者没有车辆通过的路段，通常按逆时针方向运动，避免正面碰撞。如果清晨雾大或者空气质量较差，建议选择室内跑步。

（五）跑步时长

30～60 min，体质差和肥胖患者，刚开始可以跑 15～20 min。

（六）跑速及运动量

速度适度，中等运动强度，使心率控制在靶心率范围最佳。

（七）使用跑步机

在跑步机上跑步，用脚跟着地，再滚动至全脚掌；把安全钥匙连接腰间。

（八）其他注意事项

有心脏病、哮喘、高血压、中风、糖尿病和骨质疏松等病症的患者，不宜采用跑步锻炼身体的方式。如果是在清晨起床，不吃早餐是可以跑步的，但不能不吃早餐在上午跑步。

九、蹬健身车

此方法适合于身体很胖、跑步时腿部会负担过重的人群。每周进行 4～5 次练习。练习时，将健身车座椅和扶手调节到合适的位置，坐上车时进入以下状态：前脚掌踩踏板、手臂刚好伸直、腿部接近伸直而没有完全直。

先全速蹬车 10 s，再慢速蹬车 10 s，如此循环下去。20 min 一组，做 2～3 组，每组之间休息 2～3 min，大运动量练习者组间休息 1～2 分钟。阻力的大小以将运动中心率调整到靶心率范围内为宜，用生理感受是"比较累、出大气、不至于上气不接下气、没有头晕现象、可以克服困难坚持蹬下去"的状态。

十、漫步机（椭圆健身车）走步

在家中或健身房，可使用漫步机或椭圆健身车进行走步练习。走步时可以采取双手扶着把手走步的姿势，也可以采用双手放于体侧跟地面走路一样前后摆臂的姿势。运动速度、总运动时间、运动量和周运动频率，都可以跟第四章的走步要求一样。调节转轮阻力的大小，从而改变走步的运动量。此项运动适合于老年人、独立走步不太稳定、重度发胖以及运动量需求较小的人群使用。

十一、游泳

游泳是一种很受欢迎的健身方式，有温水游泳和自然水（冷水）游泳两种。不管是温暖的热带地区，还是寒冷的冰雪地带，都可以进行游泳锻炼。运动量可大可小，适合各种年龄层次的人群参与。

常常采用的泳姿有蛙泳、自由泳、仰泳、蝶泳几种。可以只用一种泳姿来运动，也可以采用组合泳姿交替进行的方式。先用最大体力的90%完成 50 m，耗时大约 30 s；不停顿，转身接着慢速游 50 m，用时大约 60 s。如此循环下去，每组总共完成 1 000 m，每次游 2~3 组，大运动量练习游 4~6 组。刚开始前 3 周体力不够，每次游 1 组也行，每组之间休息 3~5 min，每周游 3~5 次。

运动过程中，心率控制在靶心率范围内，此时的心理感受是：比较累、吸气量大、没有头晕现象。在冷水池（自然水池）中游泳，减肥效果胜过在温水池中游泳。

注意，不要到陌生的自然水域游泳，比如水库和河道，因为水下情况复杂，有安全隐患。

十二、抗阻训练

（一）阻力大小和完成次数

（1）采用爆发力训练方式：最大重量的 85%~90%，做 6~10 RM，快速完成。

（2）最大重量的 60%~70%，练习 20 次左右，也说做 20 RM。

（二）周频率

刚开始减肥者和中老年每周练 2 次，进入适应期（2~3 个月或看个人体质情况可延长为半年）后每周练 3 ~ 5 次；其他时间，进行伸展练习和轻度的有氧运动。

（三）训练时段

每天下午 4 ~ 9 时为佳。

（四）练习部位

男性主要集中在腰腹部，女性主要集中在上臂、大腿，以及上臂与躯干、大腿与躯干交接的部位。刚开始减肥者和中老年每次练 6 ~ 10 个部位，进入适应期后练 10 ~ 12 个部位，上、下肢和躯干动作交替搭配。

（五）每个部位练习组数

刚开始减肥者和中老年 1 ~ 2 组；进入适应期后 3 ~ 5 组，重要部位比次要部位多 1 ~ 3 组。

（六）组间休息时间

2 ~ 3 min。间隙时间越短、运动量越大，燃烧的脂肪越多。超高强度的组间休息时间可缩短为 1 min，超高强度的训练频率为一周一次。

（七）用力时间

1 s 用力，1 s 落下还原。

（八）呼吸方式

调匀呼吸。

（九）用力范围

从初始位置到极限位置。

（十）用力程度

做到力竭。

（十一）补充

（1）预先在教练或同伴的帮助下，准确测试所要锻炼部位的 1 RM 值。随着训练水平的提高，1 RM 值也会提高，因此，每隔 1~2 月测试一次。

（2）运动量的安排，可以根据当天的身体状况适当增减。

（3）每组练习的最后一两次要尽可能地完成，在帮助条件下完成也可以。

（4）自由重量练习，最后两次要加强保护。

（5）运动完成后，必须做放松练习。

（6）结合前面讲的"有氧爆发训练法"和"变化抗阻训练法"中相符合的训练方法，进行组合、穿插练习，使枯燥的抗阻训练变得内容丰富，使练习者兴趣倍增，更容易持久地锻炼，同时还能增加减脂效果。

减脂，是一件不容易的事情，它是一个系统工程，尤其是对于肥胖患者，需要全方位地、坚持不懈地"协同共管"，才能达到理想的效果。

第三节　增重（增胖）

引起人们瘦弱的因素分为外在原因和内在原因，外在原因有营养不良、缺乏锻炼、生活没规律；内在原因有消化吸收不好、病理原因、遗传因素。属于外在的原因都可以解决，而内在的原因就要寻求医生的帮助了。

有的人，吃得多，睡眠也好，精神状态好，身体也有力气，但就是不长肉。这种情况有两种可能：一是消化或吸收不好，摄入的食材不能完全消化或消化后不能完全被吸收，多数被排泄掉了；二是遗传因素，这种情况下体形就很难改变了，只要本人能吃能睡、精力旺盛、健康，完全不用担心自己偏瘦的体形。

增重（增胖）的具体事项如下。

1. 调整生活规律

该休息就休息，不要无规律地熬夜。

2．改变膳食结构

改变以素食为主的饮食习惯，适当增加肉食类的摄入；如果以前以摄入瘦肉为主，可以适当增加肥瘦结合的肉类。

3．适当增加食材摄入量

增加比例根据自己的消化能力，逐渐增加。

4．增加睡眠时间

开始实施增重计划起，每天的睡眠时间与之前相比增加 30 ~ 60 min。

5．提高睡眠质量

第一，勿多思乱想。有些人白天思虑较多，夜晚也放不下自己所考虑的问题，有时候越想越兴奋，这样就很难入眠，所以，一旦开始睡觉，要放弃思考一切问题，才能快速入睡。第二，在睡眠点入睡。人体有生物钟，睡眠时间到了就会有睡意产生，这时最容易入睡，过早难入睡，过晚又会因大脑神经兴奋而难以入睡。

6．抗阻训练

请参照第三章第一节。

第四章　走步健身

　　走步能健身，既简单又经济，运动量适中，安全易行，正在广泛开展。作者通过实践，总结了以下十七种走步健身的方法。

一、走步常识

（一）选择道路

　　平顺、无障碍物、无车辆通行、绿化好的环境，也可以在健身房或家里的跑步机上进行。

（二）速度

　　根据个人身体情况，采用慢走、中速走或接近小跑的速度快走。也可变速走，体质健康者先快走 100 m，后中偏慢速走 100 m；体质差者先中速走 100 m，后慢速走 100 m，如此循环下去。变速走特别适合有心脏病、高血压、中风、哮喘等病症从而不能进行剧烈运动的人群。

（三）每次走步总时间

　　青年人 30 ~ 60 min，中老年 20 ~ 40 min。

（四）运动量

　　心率控制在靶心率范围内，用生理感受是：有点累、出大气而不至于上气不接下气、微微出汗或者出大汗（夏天出大汗）。有不能剧烈运动病症的人群达到微出汗的程度即可，且不能有头晕现象。

（五）周频率

3～5 次。

二、走步的技术

走步，人人都会，可是，在走步过程中，如何走步才能更好、更全面地锻炼身体，却鲜有人知道。此之前，作者寻遍了各类书籍，都未发现。本书将首次全面、细致地推出走步健身的技术。

（一）缓步走

两手半握拳，手臂在体侧前后自然摆动，脚跟着地，滚动到前脚掌，小步幅地向前走，如图 4.1 所示。

图 4.1　缓步走

（二）大步走

在缓步走动作的基础上，步幅和摆臂幅度都加大，向前摆臂可至水平位，向后摆臂可至极限，有明显的脚后跟着地动作。

此动作练习，肩关节、髋关节、膝关节和踝关节的活动度大，运动后有酣畅淋漓的感觉，如图 4.2 所示。

图 4.2 大步走

（三）倒走

它能改善躯干和下肢的用力方式，从而起到一定的治疗作用。因为行走方向有视觉盲区，一定要注意安全，在田径运动场中进行倒走比较好，因为大家都按照逆时针方向运动，不容易发生正面碰撞。在倒走的同时，最好有一位正向行走的带头人一起前行，可以兼顾安全。

技术上，双手在体侧小幅自然摆臂或曲肘摆臂，也有两手叉腰的练习方式，控制好身体平衡，用前脚掌着地，滚动至全脚着地，小步幅、慢速运动，如图 4.3 所示。

图 4.3 倒走

（四）踢小腿走

在缓步走动作基础上，先屈膝抬起，接着向前踢出小腿，使大小腿伸直，然后，用脚跟落地，并滚动至前脚掌。采用中小步幅，中速或慢速向前走。此动作有助于加强股四头肌的锻炼，如图4.4所示。

图 4.4　踢小腿走

（五）抬大腿走

在缓步走动作基础上，摆臂幅度加大，当向前迈腿时，屈膝，抬大腿至水平，然后下踩，前脚掌着地。此动作的行进速度属于中偏慢，摆臂动作幅度大，上下肢配合，动作有力，对髂腰肌、臀大肌和下肢肌肉锻炼效果佳，如图4.5所示。

图 4.5　抬大腿走

（六）甩手腕走

在缓步走或大步走的动作基础上，曲肘大约 90°，两手小臂放于腰间，掌心向上或向下，随着走步的节奏，把手掌在手腕处上下甩动起来。此动作有利于锻炼屈、伸腕肌，如图 4.6 所示。

图 4.6　甩手腕走

（七）屈伸小臂走

在缓步走和大步走的动作基础上，双臂放在体侧，握拳，拳心朝前，肘关节在腰间基本不动，随着走步节奏，屈伸前臂，迈右腿屈左臂，迈左腿屈右臂。若要加大难度和活动范围，屈小臂之前，前臂先上抬到极限，此时小臂已经处于高于头部的位置，再使劲屈小臂。此动作利于锻炼肱二头肌、肱肌、肱桡肌和肱三头肌，如图 4.7 所示。

图 4.7　屈伸小臂走

（八）上勾拳走

在大步走的基础上，手臂曲肘 90°，放于腰间，小臂向前，拳心向上或相对，随着走步节奏，向前上冲拳，迈左脚冲右拳，迈右脚冲左拳。此动作有利于锻炼三角肌前后束、胸大肌和背阔肌等肌肉，如图 4.8 所示。

图 4.8　上勾拳走

（九）推掌走

两手臂在体侧曲肘，肘关节向下，手指向上，手掌成武术运动中的"鹰爪"形状，随着走步节奏，手掌向体侧推出，使手臂成侧平举，一推一收，推掌同时，内旋小臂到极限，大拇指经前、下、朝后，成掌心朝后上（或朝上）状态，如图 4.9 所示。

图 4.9　推掌走

（十）交叉臂走

在缓步走或中速度走的基础上，随着走步节奏，两手臂向胸前摆臂，成胸前直臂交叉，然后，向身后直臂摆臂，成背后直臂交叉，手臂交叉时，左右臂依次在上方和下方交替交叉。此动作有利于锻炼三角肌、胸大肌、背阔肌和肩袖肌群，如图 4.10 所示。

图 4.10　交叉臂走

（十一）振臂走

在中速度走或大步走的基础上，随着走步节奏，两手臂依次从体侧向前、向上，再向头后做振臂运动，左脚向前振右臂，右脚向前振左臂。脚跟先着地，很快过渡到全脚掌着地，前腿膝关节微屈，身体重心稍微前压。此动作有利于锻炼三角肌、肩袖肌群、胸大肌和背阔肌，如图 4.11 所示。

图 4.11　振臂走

（十二）钟摆走

在大步走的基础上，双臂在体侧半握拳，同时向前、向后摆，摆动幅度分为小幅度和大幅度两种。小幅度钟摆走，双臂同时向前摆至前平举为止；大幅度钟摆走，双臂同时向前、向上摆至极限为止，如图 4.12 所示。

图 4.12　钟摆走

（十三）扩胸走

在缓步走和中速走的基础上，随着走步节奏，平曲手臂或侧平举手臂，做平曲扩胸或直臂扩胸，拳和肘与肩水平面平齐。平曲扩胸手心朝下，直臂扩胸手心朝上。可以一次平曲扩胸和一次直臂扩胸交替进行，也可以连做两次直臂扩胸，再连做两次平曲扩胸。走步时，重心居中。此动作有利于锻炼背阔肌、肩袖肌群、菱形肌、斜方肌、三角肌和胸大肌，如图 4.13 所示。

图 4.13　扩胸走

（十四）体侧走

在大步走的基础上，再加大步幅，前腿成弓步，以右脚向前为例，左臂直臂侧上举，达到肩上时，随躯干一起向右侧倒，右臂直臂经体侧向躯干后摆；接着左脚向前，如此反向动作，循环练习，双手握拳或立掌均可。此动作有利于锻炼三角肌、冈上肌、斜方肌上束、竖脊肌、腹直肌、腹内外斜肌和脊椎间小肌肉，如图 4.14 所示。

图 4.14　体侧走

（十五）转体走

有小步转走、大步转走、摸肩走、三步走和五步走，步幅和步速与缓步走、中速走基本一样。准备姿势，双臂曲肘放于腰间，小臂成水平，肘关节贴着腰部，双手半握拳或立掌，手臂随躯干一起左右转动。

1. 小步转走

在缓步走基础上，步频慢、步幅小、转体用力小以及转体幅度小。屈肘约 90°、双肘贴于腰间、小臂水平朝前或者置于胸腹之间、手握拳或成掌、拳心（掌心）相对或向下。当左腿向前时，小臂随上体一起向左转；当右腿向前时，小臂随上体一起向右转，如此循环进行。对锻炼腹直肌、腹内外斜肌、竖脊肌、脊间小韧带和肠胃都有较好的效果，适合腰部减脂，如图 4.15 所示。

图 4.15 小步转走

2．大步转走

步幅很大，向前迈步成弓步，曲肘约 90°、双肘贴于腰间、小臂朝前、拳心相对或向下，或者曲肘、拳心向下、平曲手臂置于胸腹之间。当左腿向前时，小臂随上体一起向左转；当右腿向前时，小臂随上体一起向右转，如此循环进行。由于运动幅度较大，运动强度比"小步转走"大，锻炼效果也更好，所以，不适合饭后或吃得较多时进行运动，如图4.16 所示。

图 4.16 大步转走

3．摸肩走

在小步转或者大步转走的基础上，小臂向异侧肩前摆，到位时，手要触摸异侧肩上部，可轻微活动肩关节，利于肩周炎的康复，如图 4.17 所示。

图 4.17　摸肩走

4．三步走

也叫华尔兹步走。采用"小步转走"的准备姿势，以右脚向前为例，一拍一步，一个循环为六拍。第一拍，迈右脚，手臂和躯干在水平面内绕垂直轴向右转到极限；第二拍和第三拍，分别迈左脚和右脚，手臂和躯干还原到准备姿势；第四拍，迈左脚，手臂和躯干在水平面内绕垂直轴向左转到极限；第五拍和第六拍，手臂和躯干还原到准备姿势，如此重复练习。当迈步转体时，还可以默念"一哒哒、二哒哒"，就像跳华尔兹舞步"蹦擦擦"的节奏一样，因此，也叫华尔兹步走。锻炼效果同"小步转走"，由于有舞步节奏，走步时很轻松，心情也倍感愉快，如图 4.18 所示。

图 4.18　三步走

5．五步走

在"三步走"的基础上，三步走是一边转体一次，五步走是一边连续转体两次，五步走建议第二次转体用力还可稍大一些。以右脚向前为例，一拍一步，一个循环为十拍：第一拍，迈右脚，手臂和躯干在水平面内绕垂直轴向右转；第二拍，迈左脚，手臂和躯干还原到准备姿势；第三拍，动作同第一拍；第四拍和第五拍，手臂和躯干还原到准备姿势；第六拍至第十拍，按照相反方向，迈左脚，向左转，如此重复练习。具体见"三步走"图片。

三步走和五步走的锻炼效果都与"小步转走"相同。五步走的转体用力可大一点，练习后，酣畅淋漓感会强一点。

（十六）后踢腿走

在缓步走和中速走的基础上，先向后勾小腿，再向前迈步。此动作可锻炼大腿后群的腘绳肌和小腿腓肠肌，如图 4.19 所示。

（十七）竞走

这里所说的竞走，不是普通的走步，而是田径运动专业的比赛项目，普通人多数不会走。有人曾做过对比研究，竞走的减脂效果，与普通走步相比，效果更佳，因为它对肠胃蠕动的促进更强烈，如图 4.20所示。

图 4.19　后踢腿走　　　　　　　　图 4.20　竞走

　　竞走，是手臂曲肘约 90°，两手半握拳，在体侧向前后大幅摆臂、向前迈腿、脚跟着地、下肢伸直，小腿带动脚底向后拔地，腿向前时同侧髋部也前送，腿在后面时同侧髋部也落后，整个走步过程中，拧腰、送髋动作明显，还要内收大腿和收臀。竞走是走步运动中速度最快的，可达跑步的速度，运动强度也大，所以，此动作特别利于锻炼腰部的腹直肌、腹内外斜肌、髂腰肌以及臀部和下肢的肌肉。

第五章　肌肉部位锻炼动作

本章将通过图文并茂的方式，介绍各种抗阻训练和利用自重的训练，以及能准确锻炼全身各部位肌肉的动作。包括所锻炼肌肉的位置图、主要肌、次要肌、辅助肌、器材、身体姿势、动作要领、注意事项、运动角度和幅度等。

第一节　躯干部位

躯干主要锻炼的肌肉部位有斜方肌、背阔肌、竖脊肌、菱形肌、肩胛提肌、胸大肌、胸小肌、前踞肌、腹直肌、腹内斜肌、腹外斜肌、腹横肌。

一、胸大肌

近固定，使上臂在肩关节处屈、内收和旋内；远固定（上肢上举），可使躯干向上臂靠拢（引体向上）。例如"坐姿碟机夹胸"，是胸大肌近固定，肌纤维收缩使大臂在水平面内绕垂直轴，在肩关节处屈；又如"臂内收"，是胸大肌近固定，肌纤维收缩使手臂在额状面内绕矢状轴在肩关节处内收。立正站立、手臂自然下垂、手心朝前、拇指朝外，大臂在水平面内绕垂直轴，拇指从外、经前、到内转动，为臂内旋。具体结构示意图见图 5.1。

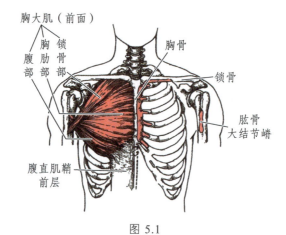

图 5.1

（一）动作名称：仰卧推举

1．动作示范

如图 5.2 ~ 5.4 所示。

图 5.2

图 5.3

哑铃仰卧推举1

90°

哑铃仰卧推举2

图 5.4

2．锻炼的肌肉

（1）主要肌。

胸大肌。

（2）次要肌。

三角肌前束、肱三头肌、喙肱肌。

3．动作要领

正握、闭握、宽握把手，合适的握距为大臂平胸时，小臂与大臂约成 90°。

4．注意事项

练习者双脚分开，全脚着地，起平衡身体的作用，推举自由重量，要控制器械重心、竖直推举。对保护者来说，如果杠铃较重，保护者双手采取一正握、一反握状态（贴杠而不握杠）；如果杠铃较轻，双手手心向上置于杠铃杆下，保护者身体重心随杆上下起伏，并时刻准备抓杠保护，保护时机通常在每组练习的最后两三次。

（二）动作名称：斜上推举

1．动作示范

如图 5.5 ~ 5.7 所示。

哑铃斜上推举2

哑铃斜上推举1

圆臂

图 5.5

杠铃斜上推举2

杠铃斜上推举1

图 5.6

钢索斜上宽距推举

斜上宽距推举

宽握

斜卧

挂片式力量训练器材

图 5.7

2．锻炼的肌肉

（1）主要肌。

胸大肌上部。

（2）次要肌。

三角肌前束、肱三头肌、喙肱肌。

3．动作要领和注意事项

与"仰卧推举"的动作要领和注意事项相同。

（三）动作名称：斜下推举

1．动作示范

如图 5.8 和图 5.9 所示。

哑铃斜下推举1　　　　　　哑铃斜下推举2

图 5.8

杠铃斜下宽距推举1　　　　　杠铃斜下宽距推举2

图 5.9

2．锻炼的肌肉

（1）主要肌。

胸大肌下部。

（2）次要肌。

三角肌前束、肱三头肌、喙肱肌。

3．动作要领和注意事项

与"仰卧推举"的动作要领和注意事项相同。

（四）动作名称：夹胸（飞鸟）

1．动作示范

如图 5.10～5.15 所示。

图 5.10

图 5.11

哑铃仰卧飞鸟1

哑铃仰卧飞鸟2

图 5.12

钢索躬身飞鸟2

钢索躬身飞鸟1

图 5.13

吊绳躬身
飞鸟1

吊绳躬身
飞鸟2

图 5.14

钢索单臂夹胸1　　　　　　　钢索单臂夹胸2

图 5.15

2．锻炼肌肉

（1）主要肌。

胸大肌。

（2）次要肌。

三角肌前束、肱二头肌短头（直臂）、喙肱肌。

3．动作要领

正握、闭握、宽握把手，坐姿高度和握距调整到大臂成水平时小臂与大臂垂直，双脚开立、全脚着地，臀部、腰部和背部紧贴靠背，脚尖朝膝盖正前方。

4．注意事项

当负荷过重、肩关节过伸、启动困难时，可以用启动器协助启动或者在他人帮助下启动。

（五）动作名称：前推胸

1．动作示范

如图 5.16 和图 5.17 所示。

坐姿钢索宽距推胸1　　　　　　坐姿钢索宽距推胸2

◀坐姿：立腰　臀背靠住
握法：宽距正握闭握

图 5.16

钢索单臂推胸1　　　钢索单臂推胸2　　　弹力带推胸

推

弓步站稳　　　　　　　　　　　　　　　　　弓步

图 5.17

2. 锻炼的肌肉

（1）主要肌。

胸大肌。

（2）次要肌。

三角肌前束、肱三头肌、喙肱肌。

3. 动作要领

正握、闭握、宽握把手，坐姿高度使拳头平胸中部，双脚开立，全

脚着地，臀部、腰部和背部紧贴靠背，脚尖朝膝盖方向，

4．注意事项

当负荷过重、肩关节过伸、启动困难时，用启动器或在帮助下协助启动。

（六）动作名称：斜下夹胸（飞鸟）

1．动作示范

如图 5.18 所示。

图 5.18

2．锻炼的肌肉

（1）主要肌。

胸大肌下沿。

（2）次要肌。

三角肌前束、肱二头肌短头、喙肱肌。

3．动作要领

圆臂。

4．注意事项

大负荷注意帮助和保护。

（七）动作名称：斜上夹胸（飞鸟）

1．动作示范

如图 5.19 所示。

哑铃斜上飞鸟1

哑铃斜上飞鸟2

圆臂

图 5.19

钢索斜上飞鸟1

练习凳

圆臂

双手握拉手

小飞鸟力量训练器

钢索斜上飞鸟2

分腿

图 5.20

2．锻炼的肌肉

（1）主要肌。

胸大肌上沿。

（2）次要肌。

三角肌前束、肱二头肌、喙肱肌。

（3）辅助肌。

肱肌、屈腕肌、屈指肌。

3．动作要领

正握、闭握把手，手心相对。

4．注意事项

大负荷注意帮助和保护。

（八）动作名称：双杠曲臂伸

1．动作示范

如图 5.21 所示。

双杠曲臂伸1   双杠曲臂伸2

窄距为佳

图 5.21

2．锻炼的肌肉

（1）主要肌。

胸大肌下沿、肱三头肌。

（2）次要肌。

三角肌前束、肱二头肌、喙肱肌。

3．动作要领

正握、闭握把手。

4．注意事项

调节双杠的高度和宽度，不宜过宽，高度达到下落时双脚刚好落地时为宜。

5．补充

要想增加负荷可在下肢或腰部绑沙袋等重物；双杠支撑摆动的曲臂伸，锻炼主要肌的爆发力和肌耐力效果很好。

（九）动作名称：（宽距）俯卧撑

1．动作示范

图 5.22～5.27 所示。

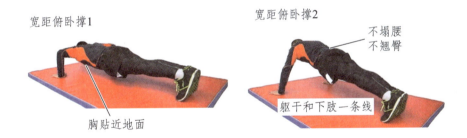

图 5.22

图 5.23

跪姿宽距俯卧撑1　　　　　　　　　跪姿宽距俯卧撑2

躯干和大腿一条线

图 5.24

跪姿宽距俯卧撑1　　　　　　跪姿宽距俯卧撑2

躯干和大腿一条线　　　　　　俯卧撑练习器

图 5.25

单臂俯卧撑2

单臂俯卧撑1

胸接近地面　　　　　　躯干和下肢一条线

图 5.26

吊绳俯卧撑2

吊绳俯卧撑1

躯干和下肢一条线

直体　　　　　　跪姿

躯干和大腿一条线

图 5.27

2．锻炼的肌肉

（1）主要肌。

胸大肌。

（2）次要肌。

肱三头肌、三角肌前束、喙肱肌。

（3）辅助肌。

腹直肌、腹横肌、股四头肌、髂腰肌、腹内外斜肌。

3．动作要领

直体（不塌腰、不翘臀），大臂与躯干垂直，（大臂水平时）小臂与大臂垂直；手掌触地，五指分开、虎口朝前；下落到胸部贴近地（垫）面。

4．补充

用俯卧撑练习器，动作开始时段有利于锻炼胸小肌和前锯肌；跪姿俯卧撑的辅助肌由股直肌取代股四头肌。

（十）动作名称：加重宽距俯卧撑

1．动作示范

如图 5.28 所示。

加重宽距俯卧撑

图 5.28

2．锻炼的肌肉

（1）主要肌。

胸大肌。

（2）次要肌。

肱三头肌、三角肌前束、喙肱肌。

3．动作要领

抬高下肢，直体，大臂与躯干垂直，小臂与大臂垂直（大臂水平时），五指分开，虎口朝前。

4．注意事项

脚的高度越高，对胸大肌上部的刺激越强。

（十一）动作名称：减重宽距俯卧撑

1．动作示范

减重宽距俯卧撑

躯干和下肢一条线

图 5.29

2．锻炼的肌肉

（1）主要肌。

胸大肌。

（2）次要肌。

肱三头肌、三角肌前束、喙肱肌。

3．动作要领

直体（不塌腰、不翘臀）。

4．补充

上体抬得越高难度越低，适合力量较弱的男生和女生选用。

二、背阔肌

近固定，使大臂在肩关节处伸、内收和旋内；远固定（上肢上举），拉躯干向大臂靠拢和提肋助吸气。例如，引体向上就是背阔肌远固定，肌纤维收缩所起的作用；"钢索坐姿拉背"，是背阔肌近固定，肌纤维收缩使大臂在矢状面内绕额状轴在肩关节处伸；"钢索直臂内收"，是背阔肌近固定，肌纤维收缩使上臂在额状面内绕矢状轴，在肩关节处内收。具体结构示意图见图 5.30。

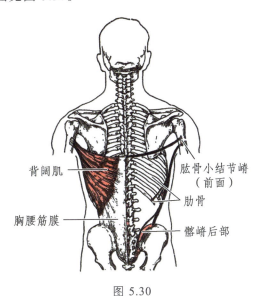

图 5.30

（一）动作名称：拉背

1．动作示范

如图 5.31～图 5.38 所示。

钢索坐姿拉背1

钢索坐姿拉背2

夹肘

图 5.31

钢索坐姿拉背1

钢索坐姿拉背2

立腰 躯干固定

直腿蹬住

夹肘

图 5.32

钢索弓步拉背1

钢索弓步拉背2

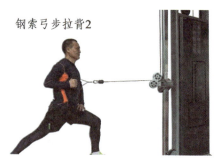

直臂支撑

弓步

图 5.33

图 5.34

弹力带弓步拉背

夹肘

弓步

图 5.35

钢索弓步双拉背2

钢索弓步双拉背1

夹肘

与胸高度一致

弓步

图 5.36

吊绳仰卧拉背1

吊绳仰卧拉背2

拉

支撑脚

躯干和下肢一条线

图 5.37

臂力棒拉背1　　　　　　　　臂力棒拉背2

图 5.38

2．锻炼的肌肉

（1）主要肌。

背阔肌。

（2）次要肌。

三角肌后束、大圆肌、肩胛下肌、小圆肌、冈下肌、肱二头肌、肱三头肌的长头。

（3）辅助肌。

菱形肌、斜方肌中下部、胸小肌、屈腕肌，吊绳仰卧拉背时参与的辅助肌还有竖脊肌、臀大肌和腘绳肌等。

3．动作要领

肘部紧贴腰侧；坐姿，双脚开立、全脚着地；弓步站稳。

4．注意事项

臂力棒拉背，防止脱手伤及自己。

（二）动作名称：下拉

1．动作示范

如图 5.39 和图 5.40 所示。

钢索坐姿下拉1　　钢索坐姿（前）下拉2　　钢索坐姿（后）下拉2

立腰

支撑托固定大腿

横杠到头后

图 5.39

钢索曲肘下拉1　　钢索曲肘下拉2　　弹力带下拉

肘领先

下拉

图 5.40

2. 锻炼的肌肉

（1）主要肌。

背阔肌、胸大肌。

（2）次要肌。

大圆肌、肩胛下肌、小圆肌、冈下肌、喙肱肌、肱二头肌、肱三头肌长头。

（3）辅助肌

斜方肌中下部、菱形肌、胸小肌、屈腕肌。

3．动作要领

宽距正握闭握单杠，立腰，下拉时不借助腰力，躯干不后倒，保持直立稳定不动。

4．补充

单杠宽距正握引体向上的锻炼效果与此动作一样，如图 5.41 所示。

图 5.41

胸大肌参与颈前引体向上（前下拉）多于颈后引体向上（后下拉）。

（三）动作名称：高拉

1．动作示范

如图 5.42 所示。

图 5.42

2．锻炼的肌肉

（1）主要肌。

背阔肌（下部）。

（2）次要肌。

三角肌后束、大圆肌、肩胛下肌、小圆肌、冈下肌、肱二头肌、肱三头肌长头。

3．动作要领

弓步站稳，夹肘。

（四）动作名称：低拉

1．动作示范

如图 5.43 ～ 5.45 所示。

图 5.43

图 5.44

弹力带低拉

图 5.45

2. 锻炼的肌肉

（1）主要肌。

背阔肌（中上部）。

（2）次要肌。

三角肌后束、大圆肌、肩胛下肌、小圆肌、冈下肌、肱二头肌、肱三头肌长头。

3. 动作要领

弓步站稳，立腰，夹肘。

（五）动作名称：引体向上

1. 动作示范

如图 5.46 和图 5.47 所示。

正握引体向上1   正握引体向上2

握距与肩宽   下颚过杠

图 5.46

斜身引体向上1 斜身引体向上2

低单杠

图 5.47

2．锻炼的肌肉

（1）主要肌。

背阔肌、胸大肌、肱二头肌、屈腕肌。

（2）次要肌。

三角肌后束、大圆肌、肩胛下肌、小圆肌、冈下肌、肱三头肌长头。

3．动作要领

握距与肩宽，正握、闭握单杠。

4．注意事项

防止滑手脱杠，可戴手套、护掌、抹镁粉或干的泥土。

5．补充

斜身引体对菱形肌和斜方肌中下部也能起到一定的锻炼作用。

（六）动作名称：躬身提拉（划船）

1．动作示范

如图 5.48～图 5.55 所示。

杠铃躬身提拉1 杠铃躬身提拉2
（躬身划船） （躬身划船）

屈膝 夹肘

图 5.48

哑铃躬身（双臂）提拉1　　　　哑铃躬身（双臂）提拉2

屈膝　　　　　夹肘

图 5.49

哑铃躬身单臂提拉1　　　　　哑铃躬身单臂提拉2

躯干放平　　　　夹肘　　　不抬肩

直臂支撑

图 5.50

哑铃躬身单臂提拉1

夹肘

支撑

支撑

躯干接近水平

哑铃躬身单臂提拉2

图 5.51

弹力带躬身单臂提拉1　　　弹力带躬身单臂提拉2

塌腰

支撑

弓步

图 5.52

弹力带躬身双臂提拉

夹肘

塌腰

屈膝

拉力器躬身提拉

拉

支撑

图 5.53

钢索躬身提拉1

支撑

钢索躬身提拉2

支撑

稳定躯干

图 5.54

T型杆躬身提拉1

T型杆躬身提拉2

夹肘

T型杆躬身单臂提拉

夹肘

提拉

支撑

图 5.55

2．锻炼的肌肉

（1）主要肌。

背阔肌。

（2）次要肌。

三角肌后束、肱二头肌、大圆肌、肩胛下肌、小圆肌、冈下肌、肱三头肌长头。

（3）辅助肌。

菱形肌、斜方肌、屈腕肌。

3．动作要领

单臂提拉，不依靠转动躯干给予的助力，提拉杠铃杆贴近腰带。

4．注意事项

"哑铃躬身单臂提拉"容易跟肱三头肌的锻炼动作"躬身哑铃臂屈伸"相混淆。

（七）动作名称：直臂伸

1．动作示范

如图 5.56～图 5.59 所示。

仰卧杠铃直臂上举2

仰卧杠铃直臂上举1

正握闭握与肩宽

图 5.56

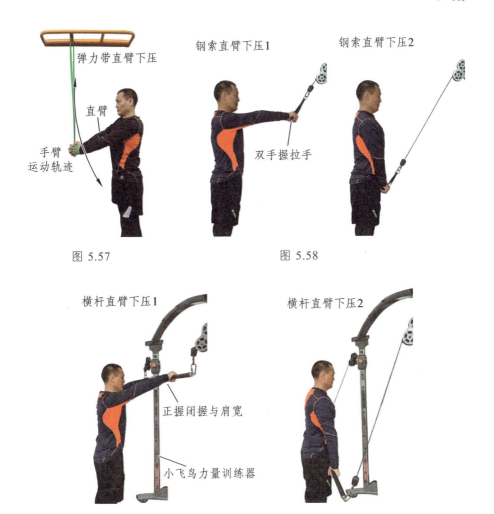

弹力带直臂下压

直臂

手臂
运动轨迹

钢索直臂下压1

双手握拉手

钢索直臂下压2

图 5.57

图 5.58

横杆直臂下压1

正握闭握与肩宽

小飞鸟力量训练器

横杆直臂下压2

图 5.59

2. 锻炼的肌肉

（1）主要肌。

背阔肌、三角肌后束。

（2）次要肌。

胸大肌、大圆肌、小圆肌、肱三头肌长头、肩胛下肌、冈下肌。

（3）辅助肌。

菱形肌、斜方肌、屈腕肌。

3．动作要领

沉肩，正握杆。

4．注意事项

做"仰卧杠铃直臂上举"需加强保护和帮助。

（八）动作名称：臂内收

1．动作示范

如图 5.60 和图 5.61 所示。

钢索直臂内收1　　　　　　　钢索直臂内收2

图 5.60

臂力棒夹臂1　　　　　　　臂力棒夹臂2

图 5.61

2．锻炼的肌肉

（1）主要肌。

背阔肌、胸大肌。

（2）次要肌。

大圆肌、肩胛下肌、小圆肌、冈下肌、喙肱肌、肱三头肌长头。

（3）辅助肌。

屈伸腕肌、屈指肌、肱二头肌、斜方肌中下束等。

3．动作要领

臂力器练习时，小臂像钳子一样钳住臂力棒的两端，肘关节率先向下用力，贴近腰侧。

4．注意事项

做臂力棒练习时要防止脱手弹伤自己。

三、竖脊肌

下固定（骶部），两侧同时收缩使脊柱后伸和仰头，一侧收缩，使脊柱向同侧侧屈；上固定，使骨盆前倾。具体结构如图 5.62 所示。例如，"俯卧抬体"，是竖脊肌下固定，两侧肌纤维同时收缩使脊柱伸；腹内外斜肌的锻炼动作"侧身起"，是竖脊肌下固定，单侧肌纤维收缩使脊柱向同侧侧屈。

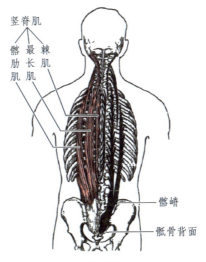

竖脊肌
髂最棘
肋长肌
肌肌

髂嵴

骶骨背面

图 5.62

（一）动作名称：坐姿伸背

1. 动作示范

如图 5.63 和图 5.64 所示。

钢索坐姿伸背1

立腰

钢索坐姿伸背2

图 5.63

钢索坐姿伸背1

立腰

直腿蹬住

低拉力量训练器

钢索坐姿伸背2

图 5.64

2. 锻炼的肌肉

（1）主要肌。

竖脊肌。

（2）次要肌。

臀大肌、股二头肌长头、半腱肌、半膜肌、大收肌、腹内斜肌、臀中肌后部、臀小肌后部。

（3）辅助肌。

股四头肌、小腿肌。

3．动作要领

挺胸，立腰，双脚踏住器材踏板。

（二）动作名称：三羊挺身

1．动作示范

如图 5.65 所示。

三羊挺身1　　　　　　　　　　三羊挺身2

图 5.65

2．锻炼的肌肉

（1）主要肌。

竖脊肌。

（2）次要肌。

腹内斜肌。

3．动作要领

躯干伸直，髋部支撑；徒手练习时，可两手摸头侧或耳朵。

4．补充

手拿哑铃等重物，可以增加运动负荷。

（三）动作名称：俯卧抬体

1．动作示范

如图 5.66 和图 5.67 所示。

俯卧抬体1

压住脚裸

俯卧抬体2

图 5.66

平板俯卧抬体
支撑托或同伴
帮助固定小腿

双手摸头侧或耳朵

斜板俯卧抬体

双手摸头车侧或耳朵

图 5.67

2．锻炼的肌肉

（1）主要肌。

竖脊肌。

（2）次要肌。

腹内斜肌。

（3）辅助肌。

臀大肌、股二头肌、半腱肌、半膜肌、腓肠肌等。

3．动作要领

两手摸头侧或耳朵，伸背时抬头效果更好。

4．补充

要增加负荷，胸前抱或背部放置杠铃片（双手从两侧扣住）。

（四）动作名称：俯卧两头起

1．动作示范

如图 5.68 所示。

俯卧两头起

图 5.68

2．锻炼的肌肉

（1）主要肌。

竖脊肌。

（2）次要肌。

臀大肌、股二头肌、半腱肌、半膜肌、臀中肌后部、臀小肌后部、腓肠肌。

3．动作要领

直腿，绷脚尖，两手摸头侧或耳朵、也可以双臂向头前方伸直。

（五）动作名称：俯卧背腿

1．动作示范

如图 5.69 所示。

图 5.69

2．锻炼的肌肉

（1）主要肌。

竖脊肌。

（2）次要肌。

臀大肌、股二头肌、半腱肌、半膜肌、大收肌、臀中肌后部、臀小肌后部。

3．动作要领

腰支撑，手抓牢，直腿，绷脚尖。

4．注意事项

练习凳的高度要满足直腿摆动。

（六）动作名称：仰卧平板支撑

1．动作示范

如图 5.70 和图 5.71 所示。

吊绳仰卧平板支撑

——环形吊绳

躯干和下肢一条线　　肘支撑

图 5.70

仰卧平板支撑

适度垫高更好

肘支撑

图 5.71

2．锻炼的肌肉

（1）主要肌。

竖脊肌。

（2）次要肌。

臀大肌、股二头肌、半腱肌、半膜肌。

3．动作要领

肘支撑，双手掌触地，双腿并拢，不塌腰。

4．注意事项

在腹部放置杠铃片等重物可增加负荷。

四、腹直肌

上固定，两侧同时收缩，使骨盆后倾；下固定，两侧同时收缩，使脊柱前屈，一侧收缩，使脊柱侧屈。如图 5.72 所示。例如，"坐姿屈体"，是腹直肌下固定，两侧肌纤维同时收缩使使脊柱前屈；"仰卧举臀"，是腹直肌上固定，两侧肌纤维同时收缩使骨盆后倾；腹内外斜肌的锻炼动作"侧身起"，是腹直肌下固定，单侧肌纤维收缩使脊柱向同侧侧屈。

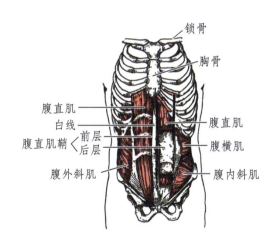

锁骨

胸骨

腹直肌

白线

腹直肌鞘〈前层 后层

腹外斜肌

腹直肌

腹横肌

腹内斜肌

图 5.72

（一）动作名称：坐姿屈体

1．动作示范

如图 5.73 ~ 5.75 所示。

钢索坐姿屈体1　　　　　　　　　钢索坐姿屈体2

立腰

腰臀紧靠

图 5.73

钢索坐姿屈体1　　　　　　　　　钢索坐姿屈体2

图 5.74

弹力带坐姿屈体1　　　　　　　弹力带坐姿屈体2

图 5.75

2．锻炼的肌肉

（1）主要肌。

腹直肌。

（2）次要肌。

髂腰肌、腹外斜肌。

3．动作要领

收腹、立腰。

（二）动作名称："拜佛"

1．动作示范

如图 5.76 ~ 5.78 所示。

图 5.76

图 5.77

图 5.78

2．锻炼的肌肉

（1）主要肌。

腹直肌。

（2）次要肌。

髂腰肌、腹外斜肌、腹内斜肌。

（3）辅助肌。

前踞肌、胸大肌、背阔肌、三角肌后束等。

3．动作要领

上肢和肩胛骨稳固不动。

4．注意事项

弹力带可以放置在头的两侧，肩的上方；使用钢束力量训练器材时，钢束需置于头顶。

（三）动作名称：直角支撑

详见髂腰肌部分。

备注：在凳子上做直角支撑，方便易行，更适合腹直肌的静力性练习(举腿持续控制)，采用握拳支撑可增加支撑臂的长度，如图 5.79 所示。

屈膝直角支撑

直腿直角支撑

臀部悬空

图 5.79

（四）动作名称：仰卧起坐

1. 动作示范

如图 5.80 ~ 5.82 所示。

仰卧起坐1

手摸头侧或耳朵

仰卧起坐2

图 5.80

斜板仰卧起坐1

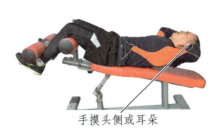

手摸头侧或耳朵

斜板仰卧起坐2

图 5.81

图 5.82

2. 锻炼的肌肉

（1）主要肌。

腹直肌。

（2）次要肌。

髂腰肌、缝匠肌、阔筋膜张肌、腹外斜肌、腹内斜肌、耻骨肌、长收肌、短收肌、股薄肌、股直肌、臀中肌前部、臀小肌前部。

（3）辅助肌。

股中肌、股内侧肌、股外侧肌。

3. 动作要领

躯干直，两手摸头侧或耳朵。

4. 补充

可将两手放于胸前或腹前以降低难度；做双杠的仰卧起坐时股四头肌为次要肌。

（五）动作名称：悬垂举腿

1. 动作示范

如图 5.83 所示。

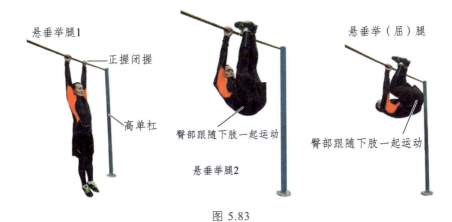

图 5.83

2．锻炼的肌肉

（1）主要肌。

腹直肌。

（2）次要肌。

髂腰肌、缝匠肌、阔筋膜张肌、腹外斜肌、腹内斜肌、耻骨肌、长收肌、短收肌、股薄肌、股四头肌（股直肌为主）、臀中肌前部、臀小肌前部、胸大肌、背阔肌。

（3）辅助肌。

屈指肌、屈腕肌。

3．动作要领

正握闭握单杠，握距与肩同宽，髋随腿一起上举。

4．注意事项

为防止手滑脱杠，可戴手套、护掌、抹镁粉或干的泥土。

5．补充

屈膝举腿可使难度降低。

（六）动作名称：仰卧两头起

1．动作示范

如图 5.84 所示。

仰卧两头起

图 5.84

2．锻炼的肌肉

（1）主要肌。

腹直肌。

（2）次要肌。

髂腰肌、股直肌、缝匠肌、阔筋膜张肌、腹外斜肌、腹内斜肌、耻骨肌、长收肌、短收肌、股薄肌、臀中肌前部、臀小肌前部。

3．动作要领

以臀部为支点，控制身体平衡。

（七）动作名称：卷腹

1．动作示范

如图 5.85 所示。

卷腹1

卷腹2

图 5.85

2．锻炼的肌肉

（1）主要肌。

腹直肌。

（2）次要肌。

髂腰肌、股直肌、缝匠肌、阔筋膜张肌、腹外斜肌、腹内斜肌、耻骨肌、长收肌、短收肌、股薄肌、臀中肌前部、臀小肌前部。

3．动作要领

以臀部为支点，回落时背部、下肢不着地，控制身体平衡。

（八）动作名称：俯卧平板支撑

1．动作示范

如图 5.86 和图 5.87 所示。

图 5.86　　　　　　　　　　　图 5.87

2．锻炼的肌肉

（1）主要肌。

腹直肌、腹横肌。

（2）次要肌。

股四头肌、髂腰肌、缝匠肌、阔筋膜张肌、腹外斜肌、腹内斜肌、耻骨肌、长收肌、短收肌、股薄肌、臀中肌前部、臀小肌前部。

3．动作要领

直体（不塌腰、不翘臀）。

4．补充

肘支撑比手支撑的持久性好，腰部添加杠铃片可以增加难度。

（九）动作名称：仰卧举臀

1．动作示范

如图 5.88～5.90 所示。

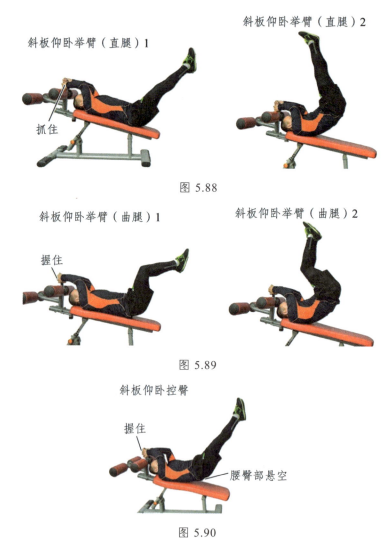

斜板仰卧举臂（直腿）1
斜板仰卧举臂（直腿）2
抓住

图 5.88

斜板仰卧举臂（曲腿）1
斜板仰卧举臂（曲腿）2
握住

图 5.89

斜板仰卧控臀
握住
腰臀部悬空

图 5.90

2．锻炼的肌肉

（1）主要肌。

腹直肌、腹横肌。

（2）次要肌。

股四头肌（股直肌为主）、髂腰肌、缝匠肌、阔筋膜张肌、腹外斜肌、腹内斜肌、耻骨肌、长收肌、短收肌、股薄肌、臀中肌前部、臀小肌前部。

3．动作要领

臀部随下肢一起上举；屈腿难度比直腿低。

五、腹内外斜肌

腹外斜肌，上固定，两侧肌纤维同时收缩使骨盆后倾；下固定，两侧肌纤维同时收缩使脊柱前屈，如图 5.91 所示。腹内斜肌，上固定，两侧肌纤维同时收缩使使骨盆前倾；下固定，两侧肌纤维同时收缩使脊柱前屈，如图 5.92 所示。同侧的腹内斜肌和腹外斜肌，上固定，肌纤维同时收缩使骨盆向对侧倾斜；下固定，肌纤维同时收缩使脊柱向同侧屈。异侧的腹内斜肌和腹外斜肌，上固定，肌纤维同时收缩使骨盆回旋；下固定，肌纤维同时收缩使脊柱回旋。

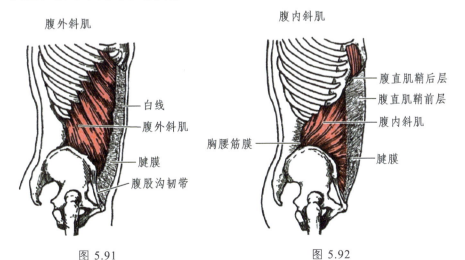

图 5.91　　　　　　　　　　图 5.92

（一）动作名称：负重体侧屈

1. 动作示范

如图 5.93～5.95 所示。

钢索负重体侧屈1

手置头后或腰后

钢索负重体侧屈2

图 5.93

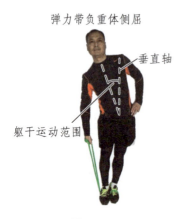

弹力带负重体侧屈

垂直轴

躯干运动范围

图 5.94

负重侧屈

哑铃手铃手抓片等

图 5.95

2. 锻炼的肌肉

（1）主要肌。

腹内、外斜肌。

（2）次要肌。

竖脊肌、腹直肌、腰方肌、腰大肌、横突间肌。

（3）辅助肌。

斜方肌上束、三角肌、冈上肌、屈腕肌、屈指肌。

3．动作要领

并腿（效果好于分腿），躯干在额状面内运动，侧屈时负重要尽可能地远离身体。

4．补充

可选择的负重物体多种多样，比如哑铃、壶铃等。

（二）动作名称：负重转体

1．动作示范

如图 5.96 ~ 5.98 所示。

杠铃负重转体1　　杠铃负重转体2

腿伸直
脚底不离地

图 5.96

负重转体（准备姿势）　　负重（手抓片）转体1　　负重转体2

手抓杠铃片

躯干垂直轴
稳定不动

立腰

负重
远离躯干

腿直

脚底不离地

图 5.97

负重转体　　　　　　负重（哑铃）转体1　　　负重转体2

哑铃

立腰

腿直

脚底不离地

图 5.98

2．锻炼的肌肉

（1）主要肌。

腹内、外斜肌。

（2）次要肌。

横突间肌。

（3）辅助肌。

腹直肌、竖脊肌、胸大肌、背阔肌、肩带肌、肱二头肌、前臂肌群等。

3．动作要领

两脚左右分开与肩同宽或略宽于肩，立腰，直腿站立，脚底平行或脚尖朝膝盖方向，躯干在水平面内绕垂直轴转动。

4．注意事项

杠铃负重转体，要注意杠铃杆的平衡以及注意要牢固锁死杠铃片，如果负重太大，一定要有保护，并保证周围人员处于安全范围内。

5．补充

肩带肌又称上肢带肌，由三角肌、肩胛下肌、冈上肌、冈下肌、大圆肌、小圆肌组成。

（三）动作名称：拉力器转体

1. 动作示范

如图 5.99 ~ 5.101 所示。

钢索侧对转体1 　　　　　　　钢索侧对转体2

图 5.99

钢索背对转体1 　　　　　　　钢索背对转体2

图 5.100

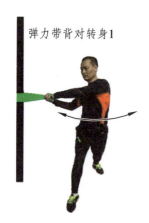
弹力带背对转身1

弹力带背对转身2

图 5.101

2．锻炼的肌肉

（1）主要肌。

腹内、外斜肌。

（2）次要肌。

横突间肌。

3．动作要领

背对转体两脚左右开立较大，转到极限时膝关节微屈，动作幅度也大，转体时，躯干不摇晃、在水平面内绕垂直轴转动。

4．补充

"背对转体"特别适合用于掷铁饼、掷链球和旋转推铅球运动项目的专项体能训练中。

（四）动作名称：侧身起

1．动作示范

如图 5.102~5.104 所示。

侧卧起1

侧卧起2

固定腿　　摸头侧

图 5.102

侧卧起1

屈膝

压住膝关节和踝关节

侧卧起2

图 5.103

侧身起1

腿固定　　支撑髋

伸背练习器或三羊挺身

侧身起2

负重

图 5.104

2．锻炼的肌肉

（1）主要肌。

腹内、外斜肌。

（2）次要肌。

竖脊肌、腹直肌、腰方肌、腰大肌、横突间肌。

3．动作要领

躯干保持伸直，并腿屈膝。

4．注意事项

帮助者按住练习者上面那只腿的踝关节和膝关节。

（五）动作名称：侧卧平板

1．动作示范

如图 5.105 所示。

侧卧平板支撑

图 5.105

2．锻炼的肌肉

（1）主要肌。

腹内、外斜肌。

（2）次要肌。

竖脊肌、腹直肌、腰方肌、腰大肌、横突间肌。

3．动作要领

直体、不屈髋。

（六）动作名称：仰卧交叉起座

1．动作示范

如图 5.106 所示。

仰卧交叉起座1

摸耳或头侧

仰卧交叉起座2

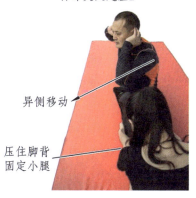

异侧移动

压住脚背
固定小腿

仰卧交叉起座3

图 5.106

2．锻炼的肌肉

（1）主要肌。

腹内、外斜肌、腹直肌。

（2）次要肌。

髂腰肌、股直肌、缝匠肌、阔筋膜张肌、耻骨肌、长收肌、短收肌、股薄肌、股直肌、臀中肌前部、臀小肌前部。

3．动作要领

屈膝，躯干抬起后肘关节向异侧膝关节外侧运动，躯干保持基本伸直状态。

（七）动作名称：坐姿拧腰

1．动作示范

如图 5.107 所示。

图 5.107

2．锻炼的肌肉

（1）主要肌。

腹内、外斜肌。

（2）次要肌。

横突间肌。

3．动作要领

躯干垂直地面、在水平面内绕垂直轴运动。

4．注意事项

先向一个方向拧转，该组次数练习完毕，再反方向拧转，练习另一侧。

（八）动作名称：侧摆髋

1．动作示范

如图 5.108 所示。

双杠挂壁侧摆髋1　　　　　　　双杠挂壁侧摆髋2

图 5.108

2．锻炼的肌肉

（1）主要肌。

腹内、外斜肌。

（2）次要肌。

竖脊肌、腹直肌、腰大肌、腰方肌，横突间肌。

3．动作要领

同侧一组动作完成，再练习另外一侧；如果是左右一次交替练习，下肢在最底部启动时，要零速度启动。

（九）动作名称：侧悬垂

1．动作示范

如图 5.109 所示。

侧悬垂1　　　　　　　　侧悬垂2

　　拉住

顶住

图 5.109

2．锻炼的肌肉

（1）主要肌。

腹内、外斜肌。

（2）次要肌。

竖脊肌、腹直肌、腰大肌、腰方肌、横突间肌、胸大肌、背阔肌、冈下肌、小圆肌、大圆肌、肩胛下肌、斜方肌中下束。

（3）辅助肌。

前踞肌、肱二头肌、屈腕肌群等。

3．动作要领

并腿站，侧对器材，定位握手高低，上方手臂拉，下方手臂顶，腰以下在额状面内绕矢状轴举起。

4．补充

动作难度很大，一般人难以完成，此动作不仅要求主要肌力量强大，而且要求次要肌群的力量也很大。

六、斜方肌

分上、中、下三束，各自的作用都不同。近固定（脊柱侧），上部肌束收缩使肩胛骨上提、上回旋和后缩，中部肌束收缩使肩胛骨后缩，下部肌束收缩使肩胛骨下降、后缩和上回旋，两侧肌束同时收缩使肩胛骨后缩；远固定（肩峰侧），上部肌束一侧收缩使头向同侧屈和向对侧转，上部肌束两侧同时收缩使头后仰和脊柱伸，如图5.110所示。例如，"杠铃负重耸肩"是斜方肌近固定，上部肌束收缩使肩胛骨上提；"直臂缩肩"是斜方肌近固定，中部肌束收缩使肩胛骨后缩；"单杠悬垂沉肩"是斜方肌近固定，下部肌束收缩使肩胛骨下降。驼背现象，多是由斜方肌肌力不够，尤其是斜方肌中部肌束的肌力不够引起的，因此，加强斜方肌肌力的锻炼，可以预防和矫正驼背。

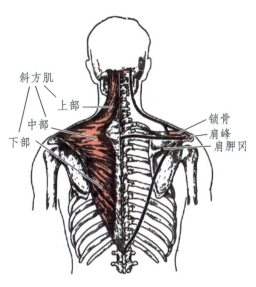

斜方肌

上部

中部

下部

锁骨

肩峰

肩胛冈

图 5.110

（一）动作名称：负重耸肩

1．动作示范

如图 5.111～图 5.115 所示。

杠铃负重耸肩1

杠铃负重耸肩2

图 5.111

哑铃负重耸肩1　　　　　　　哑铃负重耸肩2

向上耸肩

图 5.112

钢索负重耸肩1　　　　钢索负重耸肩2　　　　弹力带负重耸肩

耸肩

直臂　　　躯干直立

图 5.113

钢索负重耸肩1　　　　　　钢索负重耸肩2

双手

图 5.114

图 5.115

2．锻炼的肌肉

（1）主要肌。

斜方肌上束。

（2）次要肌。

肩胛提肌、菱形肌。

3．动作要领

躯干直立、稳定不动，肘关节不弯曲。

4．补充

阻力源很多，可任选，有的动作还可以采用坐姿进行练习。

（二）动作名称：换手悬垂

1．动作示范

如图 5.116 所示。

2．锻炼的肌肉

（1）主要肌。

斜方肌上束、三角肌（中束）、冈上肌。

（2）辅助肌。

屈指肌、屈腕肌。

图 5.116

3. 动作要领

单臂悬垂，身体从静止状态开始，另一只手上举抓杠，抓牢后换成单臂悬垂。

（三）动作名称：直臂缩肩

1. 动作示范

如图 5.117 ~ 5.119 所示。

图 5.117

钢索直臂缩肩1

钢索直臂缩肩2

阻力源来自钢索

图 5.118

哑铃躬身直臂缩肩1

哑铃躬身直臂缩肩2

手臂运动方向

直臂

钢索躬身直臂缩肩
躯干放平

手臂运动方向

支撑膝上部

图 5.119

2．锻炼的肌肉

（1）主要肌。

斜方肌中束、菱形肌。

（2）辅助肌。

屈指肌。

3．动作要领

肘关节始终保持伸直，跪左腿练右侧，跪右腿练左侧，躯干与地面平行。

4．注意事项

单臂缩肩时，躯干不要侧转（抬肩）。

（四）动作名称：悬垂沉肩、支撑沉肩

1．动作示范

如图 5.120 和图 5.121 所示。

单杠悬垂沉肩1　　　　　　　　　单杠悬垂沉肩2

肩关节在垂直轴拉伸

直臂

躯干向上

高单杠

图 5.120

双杠支撑沉肩1　　　　　　　双杠支撑沉肩2

躯干上顶

图 5.121

２．锻炼的肌肉

（1）主要肌。

斜方肌下束、前锯肌下部、胸小肌。

（2）次要肌。

胸大肌（悬垂沉肩）、背阔肌（悬垂沉肩）。

３．动作要领

直臂。

４．补充

可在腰部或下肢附加重物，以增加阻力。

七、前踞肌

起点位于肋骨的外侧面,止点位于肩胛骨的内侧缘和下角的前面。近固定（肋骨），肌纤维收缩使肩胛骨前伸和上回旋；远固定（肩胛骨），提肋助吸气。例如，"俯撑顶肩"是前锯肌近固定，肌纤维收缩使肩胛骨前伸；"屈肘上摆"是前锯肌近固定，肌纤维收缩使肩胛骨上回旋。如图 5.122 所示。

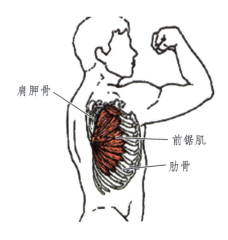

肩胛骨

前锯肌

肋骨

图 5.122

（一）动作名称：俯撑顶肩、前顶肩

1．动作示范

如图 5.123 和 5.124 所示。

图 5.123

图 5.124

2．锻炼的肌肉

（1）主要肌。

前踞肌。

（2）次要肌。

胸小肌。

3．动作要领

俯撑顶肩，躯干放平，手支撑，直臂，胸部先下沉、肩胛骨内收，然后含胸顶背；单臂前顶肩不能送肩。

4．注意事项

俯撑顶肩，在地面上也一样的练习，背部增加负重，须添加软垫保护；前顶肩时背部最好有支撑。

（二）动作名称：屈肘上摆

1．动作示范

如图 5.125 ~ 5.127 所示。

图 5.125

图 5.126

钢索负重屈肘上摆1　　　钢索负重屈肘上摆2

肩胛骨和手臂固定

图 5.127

2．锻炼的肌肉

（1）主要肌。

前踞肌下部。

（2）辅助肌。

斜方肌中上束、胸大肌、屈腕肌、肱二头肌、三角肌前束、喙肱肌。

3．动作要领

沉肩，上肢、肩部紧张固定，大臂在矢状面内绕额状轴小角度上摆。

第二节　上肢和肩带部位

肩带肌有三角肌、肩胛下肌、冈上肌、冈下肌、大圆机、小圆肌等肌群，上肢肌有肱二头肌、肱三头肌、肱肌、肱桡肌、旋前圆肌、旋前方肌、屈腕肌群（桡侧腕屈肌、尺侧腕屈肌）、伸腕肌群（尺侧腕伸肌、桡侧腕长伸肌、桡侧腕短伸肌）等肌群。

一、三角肌

由前束、中束和后束肌纤维组成。近固定（内侧），前束肌纤维收缩使大臂在肩关节处屈和内旋；中束肌纤维收缩使大臂外展；后束肌纤维收缩使大臂在肩关节处伸和外旋；整体收缩使大臂外展。（臂上举时）远固定（外侧），整体收缩使颈部向大臂靠拢，如图 5.128 所示。例如，"负重前平举"，是三角肌近固定，前束纤维收缩使大臂在肩关节处屈；"负重侧平举"是三角肌近固定，中束纤维收缩使大臂在肩关节处外展；"直臂后摆"是三角肌近固定，后束纤维收缩使大臂在肩关节处伸。斜方肌锻炼动作中的"换手悬垂"，就是三角肌远固定，整体收缩使颈部向上臂靠拢。

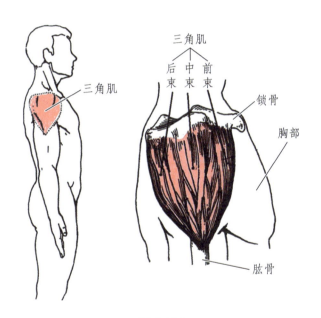

图 5.128

（一）动作名称：负重前平举、前上推

1. 动作示范

如图 5.129 ~ 5.135 所示。

杠铃前平举1　　　杠铃前平举2

弹力带前平举

手臂运动轨迹
同步或交替

握法：正握
闭握与肩宽

图 5.129

哑铃前平举1　　　哑铃前平举2　　　站姿哑铃交替前平举

圆臂

图 5.130

拉力器前平举

站姿

图 5.131

钢索双臂前平举1　　　　　　钢索双臂前平举2

双手握住拉手

阻力源

图 5.132

拉力器前平举

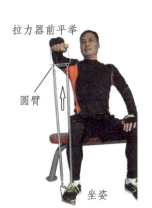

圆臂

坐姿

钢索单臂前举1　　　钢索单臂前平举2

图 5.133

T型杆胸前双臂上推1　　　　T型杆胸前双臂上推2

杠铃片

夹肘

T型杆固定端

图 5.134

T型杆胸前单臂上推1　　　　　T型杆单臂上推2

图 5.135

2．锻炼的肌肉

（1）主要肌。

三角肌前束、喙肱肌。

（2）次要肌。

肱二头肌、胸大肌、三角肌中束（上臂在水平面和垂直面之间起作用）。

（3）辅助肌。

斜方肌上束、肱桡肌、屈腕肌群、屈指肌群。

3．动作要领

沉肩，圆臂（前上推除外）。

4．补充

如想锻炼喙肱肌，这个动作最佳。

（二）动作名称：下摆臂

1．动作示范

如图 5.136 所示。

2．锻炼的肌肉

（1）主要肌。

三角肌前束、喙肱肌。

图 5.136

（2）次要肌。

肱二头肌、胸大肌。

3．动作要领

沉肩，圆臂。

（三）动作名称：负重侧平举

1．动作示范

图 5.137

图 5.138

图 5.139

2．锻炼的肌肉

（1）主要肌。

三角肌中束。

（2）次要肌。

冈上肌、三角肌前后束（大臂超过水平时）。

3．动作要领。

沉肩，圆臂。

（四）动作名称：躬身飞鸟

1．动作示范

如图 5.140～5.145 所示。

哑铃躬身飞鸟1　　哑铃躬身飞鸟2

圆臂

图 5.140

弹力带躬身飞鸟

塌腰

圆臂

屈膝

弹力带交叉

图 5.141

坐姿哑铃躬身飞鸟1　　坐姿哑铃躬身飞鸟2

圆臂

图 5.142

拉力器躬身单臂飞鸟

左手支撑左膝盖上方

图 5.143

钢索躬身飞鸟1　　　钢索躬身飞鸟2

屈膝

交叉握

小飞鸟力量训练器

图 5.144

图 5.145

2．锻炼的肌肉

（1）主要肌。

三角肌后束。

（2）次要肌。

大圆肌、冈下肌、小圆肌、背阔肌、菱形肌、斜方肌中束、肱三头肌。

3．动作要领

沉肩，圆臂，上体前俯，使躯干接近水平。

（五）动作名称：水平扩胸

1．动作示范

如图 5.146～5.149 所示。

2．锻炼的肌肉

（1）主要肌。

三角肌后束。

（2）次要肌。

大圆肌、冈下肌、小圆肌、背阔肌、菱形肌、斜方肌中束、肱三头肌。

弹力带扩胸

钢索扩胸1

钢索扩胸2

圆臂

交叉握

小飞鸟力量训练器

弓步

图 5.146

图 5.147

钢索单臂扩胸1

钢索单臂扩胸2

拉力器扩胸

侧对器材

图 5.148

图 5.149

3．动作要领。

沉肩，圆臂。

（五）动作名称：直臂后摆

1．动作示范

如图 5.150～5.152 所示。

钢索直臂后摆1　　　　　　钢索直臂后摆2

弓步　　　　　　手支撑

图 5.150

钢索直臂后摆1　　　　　　钢索直臂后摆2

图 5.151

哑铃躬身直臂后摆1　　　　哑铃躬身直臂后摆2

手支撑　　　　　　支撑

图 5.152

2．锻炼的肌肉

（1）主要肌。

三角肌后束、背阔肌。

（2）次要肌。

肱三头肌长头、大圆肌、肩胛下肌（臂在体前）、冈下肌、小圆肌。

3．动作要领

沉肩，圆臂，弓步，另一只手支撑膝部固定躯干。

4．补充。

也可坐姿练习，拉力器固定点不同，上体锻炼到的位置也会有所变化。还可用壶铃、弹力带等阻力源。

（六）动作名称：肩上推举

1．动作名示范

如图 5.153～图 5.160 所示。

杠铃肩上（前）推举1　　　杠铃肩上（前）推举1

　　　　　　　　　　　　　　　　杠铃肩上（后）推举1

两脚开立与肩宽
或略宽于肩

图 5.153

立腰

坐姿

分腿

图 5.154

杠铃肩上推举2   哑铃肩上推举1   哑铃肩上推举2

握法：正握闭握，当
大臂成水平时大小臂
夹角为90°

图 5.155   图 5.156

钢索坐姿肩上推举1   钢索坐姿肩上推举2   弹力带肩上推举

沉肩

立腰

向上推手

握法：宽距 正握

图 5.157   图 5.158

横杆肩上（后）推举1   横杆肩上（前）推举1   横杆肩上推举2

正握闭握宽握

立腰

小飞鸟力量训练器   小飞鸟力量训练器   分腿

图 5.159

推倒立1　　　　推倒立2

推起

头接近地面　　　　宽距

图 5.160

2．锻炼的肌肉

（1）主要肌。

三角肌中束。

（2）次要肌。

肱三头肌、冈上肌、三角肌前束、三角肌后束、胸大肌上部（限肩上前推）。

3．动作要领

挺胸、立腰，沉肩，上臂在额状面内绕矢状轴运动。

4．注意事项

哑铃、杠铃、钢索练习时加强帮助和保护；做手推倒立动作时，可靠墙、也可由他人扶着腿部以保持平衡。

5．补充

肘关节低于肩水平位，肱三头肌的锻炼少一点，肘关节齐肩水平位后，肱三头肌得到的锻炼会逐渐增多。

（七）动作名称：曲肘外展

1．动作示范

如图 5.161 所示。

负重屈肘外展1　　　　负重屈肘外展2

肘关节始终保持90°

30°

图 5.161

2．锻炼的肌肉

（1）主要肌。

三角肌中束。

（2）次要肌。

冈上肌、三角肌前束、三角肌后束。

3．动作要领

沉肩，肘关节始终保持曲肘 90°。

4．补充

大臂外展角度在 0～30°，冈上肌得到的锻炼居多。

（八）动作名称：胸前提拉

1．动作示范

如图 5.162～5.165 所示。

2．锻炼的肌肉

（1）主要肌。

三角肌、冈上肌。

（2）辅助肌。

斜方肌上束。

哑铃胸前提拉1　　哑铃胸前提拉2

钢索胸前提拉

图 5.162

图 5.163

弹力带胸前提拉

拉力器胸前提拉

图 5.164

杠铃胸前提拉1　　　杠铃胸前提拉2

图 5.165

3．动作要领

站姿，沉肩，肘关节领先，双手紧贴胸前提拉。

二、冈上肌

位于肩胛骨上部，近固定（内侧），肌纤维收缩使大臂外展；（臂上举）远固定（外侧），肌纤维收缩使颈部靠近大臂，如图 5.166 所示。例如，斜方肌锻炼动作中的"换手悬垂"，就是冈上肌远固定，肌纤维收缩使颈部向上臂靠拢。

肩带肌（背面）

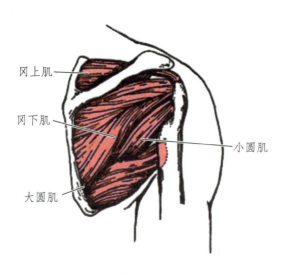

冈上肌

冈下肌

小圆肌

大圆肌

图 5.166

训练的动作名称为 30° 臂外展。

1．动作示范

如图 5.167 ~ 5.169 所示。

斜卧30°侧上摆臂1　　　　　　斜卧30°侧上摆臂2

肘支撑

30°

图 5.167

拉力器30°臂外展1　　　　　　拉力器30°臂外展2

30°

图 5.168

钢索30°臂外展1　　　　　　钢索30°臂外展2

30°

图 5.169

2．锻炼的肌肉

（1）主要肌。

冈上肌。

（2）次要肌。

三角肌中束。

3．动作要领

外展大臂范围控制在 0～30°。

三、冈下肌、小圆肌

近固定（内侧），肌纤维收缩使上臂外旋、内收和伸。"钢索外旋大臂"是冈下肌和小圆肌近固定，肌纤维收缩使大臂在水平面内绕垂直轴在肩关节处外旋，解剖图见图 5.166。

训练的动作名称为外旋大臂。

1．动作示范

如图 5.170～5.173 所示。

图 5.170   图 5.171

哑铃侧卧外旋大臂1

哑铃侧卧外旋大臂2

图 5.172

哑铃仰卧外旋大臂1　　　　哑铃仰卧外旋大臂2

图 5.173

2. 锻炼的肌肉

（1）主要肌。

冈下肌、小圆肌。

（2）次要肌。

三角肌后束。

3. 动作要领

曲肘 90°练习动作；在做"哑铃仰卧外旋大臂"练习时，大臂始终保持与肩的左右连线齐平。

四、大圆肌、肩胛下肌

近固定，肌纤维收缩使大臂内旋、内收和伸，如图 5.174 所示。

肩胛下肌 大圆肌（腹侧面）

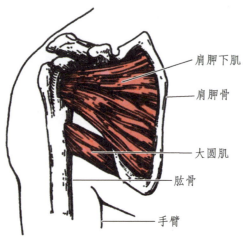

肩胛下肌

肩胛骨

大圆肌

肱骨

手臂

图 5.174

训练的动作名称为内旋大臂。

1. 动作示范

如图 5.175 ~ 5.178 所示。

图 5.175

图 5.176

哑铃侧卧内旋大臂1

哑铃侧卧内旋大臂2

 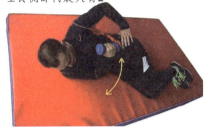

图 5.177

哑铃仰卧内旋大臂1

哑铃仰卧内旋大臂2

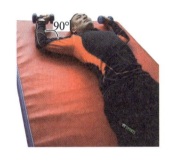 

图 5.178

2．锻炼的肌肉

（1）主要肌。

肩胛下肌、大圆肌。

（2）次要肌。

胸大肌、背阔肌、三角肌前束。

3．动作要领

曲肘 90°；"哑铃仰卧内旋大臂"练习时，大臂保持与肩的左右连线齐平。

五、肱二头肌

近固定（肩部），（长头）肌纤维收缩使大臂在肩关节处屈、使小臂在肘关节处屈和外旋；远固定（肘部），肌纤维收缩使大臂向小臂靠拢，如图 5.179 所示。例如，三角肌锻炼动作"负重前平举"是肱二头肌长头近固定，肌纤维收缩使大臂在肩关节处屈；"斜托弯举"是肱二头肌近固定，肌纤维收缩使小臂在肘关节处屈；"反握引体向上"是肱二头肌远固定，肌纤维收缩使大臂向小臂靠拢。

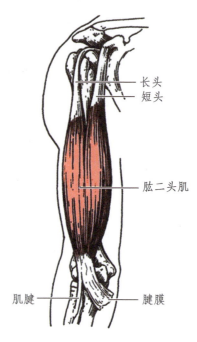

长头
短头

肱二头肌

肌腱　　　腱膜

图 5.179

（一）动作名称：斜托弯举

1．动作示范

如图 5.180~5.182 所示。

2．锻炼的肌肉

（1）主要肌。

肱二头肌、肱肌。

（2）次要肌。

肱桡肌、桡侧腕屈肌、掌长肌、指浅屈肌、旋前圆肌。

钢索斜托弯举1　　　　　　　钢索斜托弯举2

反握　　　　　　　肘不动

图 5.180

杠铃斜托弯举1　　　　　　　杠铃斜托弯举2

正握与肩宽

图 5.181

哑铃斜托单臂弯举1　　　　　　哑铃斜托单臂弯举2

图 5.182

（3）辅助肌。

屈指肌群、屈腕肌群。

3．动作要领

反握，握距与肩宽。

4．注意事项

躯干保持不动，胸部贴紧支撑板。

5．补充

这是同时锻炼肱二头肌长头和短头的最佳动作，五块次要肌合称为小臂屈肘肌群。

（二）动作名称：反握弯举

1．动作示范

如图 5.183 ~ 5.192 所示。

站姿反握杠铃弯举1　站姿反握杠铃弯举2

握法：反握
闭握与肩宽

图 5.183

反握弹力带弯举

图 5.184

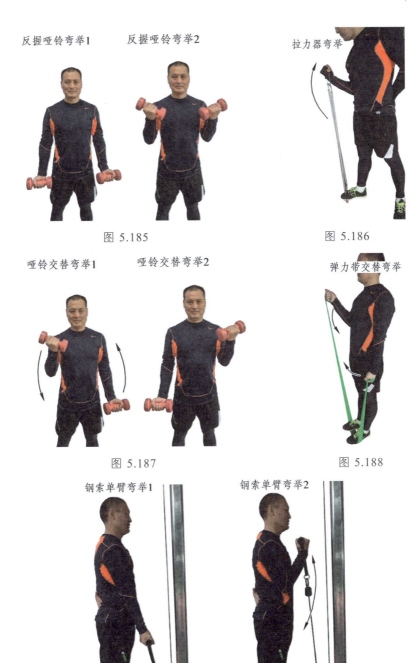

反握哑铃弯举1　　反握哑铃弯举2

图 5.185

拉力器弯举

图 5.186

哑铃交替弯举1　　哑铃交替弯举2

图 5.187

弹力带交替弯举

图 5.188

钢索单臂弯举1　　钢索单臂弯举2

图 5.189

钢索双臂弯举1　　　　　　钢索双臂弯举2

双手反握拉手

图 5.190

反握横杆弯举1　　　　　　反握横杆弯举2

小飞鸟力量训练器

图 5.191

臂力棒弯举1　　　　　　臂力棒弯举2

反握

图 5.192

2．锻炼的肌肉

（1）主要肌。

肱二头肌、肱肌。

（2）次要肌。

小臂屈肘肌群。

3．动作要领

反握器材，沉肩，立腰，不挺腹助力。

4．注意事项

做臂力棒练习时，腋下加软垫，防止弹簧夹肉。

（三）动作名称：正握弯举、内旋弯举

1．动作示范

如图 5.193~5.195 所示。

2．锻炼的肌肉

（1）主要肌。

肱二头肌、肱肌、肱桡肌。

（2）次要肌。

小臂伸肌群。

正握哑铃弯举1　　　　正握哑铃弯举2

图 5.193

单臂哑铃内旋弯举1　　　　单臂哑铃内旋弯举2

图 5.194

正握杠铃弯举1　　　　　　正握杠铃弯举2

握距与肩宽

图 5.195

3．动作要领

沉肩、反握。

4．补充

此动作的目的主要是加强对肱桡肌和小臂伸肌群的锻炼；小臂伸
肌群有指伸肌、小指伸肌、尺侧腕伸肌、桡侧腕长伸肌、桡侧腕短
伸肌。

（四）动作名称：反握引体向上

1．动作示范

如图 5.196 所示。

图 5.196

2．锻炼的肌肉

（1）主要肌。

肱二头肌。

（2）次要肌。

肱肌、喙肱肌、小臂屈肌群、背阔肌、三角肌后束、胸大肌、大圆肌、小圆肌、冈下肌、肩胛下肌、肱三头肌长头。

（3）辅助肌。

斜方肌中下部、菱形肌、指屈肌群。

3．动作要领

反握杠，握距与肩同宽。

4．注意事项

引体时，身体不摆荡，不借腰腹力。

（五）动作名称：坐姿弯举

1．动作示范

如图 5.197 和图 5.198 所示。

哑铃坐姿弯举1　　　　　　　哑铃坐姿弯举2

大臂下段靠大腿内侧

小臂与大腿成90°

图 5.197

肘靠大腿内侧

小臂与大腿成90°

弹力带坐姿弯举1　　　　　　弹力带坐姿弯举2

图 5.198

2．锻炼的肌肉

（1）主要肌。

肱二头肌、肱肌。

（2）次要肌。

小臂屈肌群。

3．动作要领

大腿稳定，大臂下端靠住大腿内侧，大臂的运动扇面与大腿垂直。

六、肱三头肌

近固定，肌纤维收缩使小臂在肘关节处伸，（长头）使大臂在肩关节处伸；远固定，肌纤维收缩使大臂在肘关节处伸，如图 5.199 所示。例如，"颈后臂屈伸"是肱三头肌近固定，肌纤维收缩使小臂在肘关节处伸；"窄距俯卧撑"是肱三头肌远固定，肌纤维收缩使小臂在肘关节处伸。

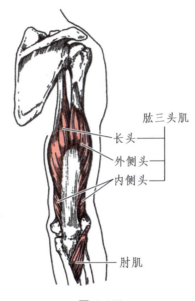

肱三头肌

长头

外侧头

内侧头

肘肌

图 5.199

（一）动作名称：屈臂下压

1．动作示范

如图 5.200 ~ 5.203 所示。

2．锻炼的肌肉

主要肌。

肱三头肌、肘肌（发力顺序是肘肌、肱三头肌内侧头、肱三头肌外侧头和长头）。

钢索屈臂下压1

双手握拉手

站姿或坐姿练习

钢索屈臂下压2

图 5.200

弹力带屈臂下压1

弹力带屈臂下压2

图 5.201

横杆屈臂下压1

正握闭握与肩宽

小飞鸟力量训练器

横杆屈臂下压2

图 5.202

臂力棒屈臂下压1　　　　　　　臂力棒屈臂下压2

稳固臂力棒

握牢固防滑脱

图 5.203

3．动作要领

沉肩，窄握，夹肘，立腰。

（二）动作名称：躬身臂屈伸

1．动作示范

如图 5.204 ~ 5.207 所示。

弹力带躬身臂屈伸1　　　　　　弹力带躬身臂屈伸2

图 5.204

哑铃躬身臂屈伸1　　　　　　哑铃躬身臂屈伸2

图 5.205

图 5.206

图 5.207

2．锻炼的肌肉

（1）主要肌。

肱三头肌、肘肌。

（2）次要肌。

小臂伸肌群。

3．动作要领

立腰，夹肘，根据不同阻力源前俯躯干，另一只手臂直臂支撑以稳定躯干。

（三）动作名称：颈后、肩前臂屈伸

1．动作示范

如图 5.208～5.216 所示。

哑铃颈后单臂屈伸1　　哑铃颈后单臂屈伸2

拉力器颈后臂屈伸

用手固定肘关节

立腰

反向固定

图 5.208

图 5.209

哑铃颈后双臂屈伸1　哑铃颈后双臂屈伸2

手的运动轨迹

双手握

弹力带颈后双臂屈伸

图 5.210

图 5.211

弹力带颈后单臂屈伸1　　弹力带颈后单臂屈伸2

固定肘

图 5.212

钢索颈后臂屈伸1

钢索颈后臂屈伸2

图 5.213

杠铃颈后臂屈伸1

杠铃颈后臂屈伸2

夹肘　　保护

正握

图 5.214

弹力带肩前臂屈伸1

弹力带肩前臂屈伸2

稳固肘

弓步

图 5.215

钢索肩前臂屈伸1

正握

托肘稳定

钢索肩前臂屈伸2

图 5.216

2．锻炼的肌肉

（1）主要肌。

肱三头肌、肘肌。

（2）次要肌。

小臂伸肌群。

3．动作要领

沉肩、夹肘或固定、立腰。

4．注意事项

颈后哑铃单臂屈伸，另外一只手要协助固定肘关节；哑铃和杠铃的重量过重，需要加强帮助和保护。

（四）动作名称：坐姿窄距推胸

1．动作示范

如图 5.217 所示。

钢索坐姿窄距推胸1

钢索坐姿窄距推胸2

夹肘

图 5.217

2．锻炼的肌肉

（1）主要肌。

肱三头肌、肘肌。

（2）次要肌。

三角肌前束、胸大肌、肱二头肌长头、喙肱肌。

3．动作要领

立腰，臀、腰、背紧靠靠背，夹肘。

4．注意事项

坐姿窄距推胸，肩关节过伸、负荷过重、难以启动时，用启动器或在帮助下启动。

（五）动作名称：屈臂伸、坐姿下压

1．动作示范

如图 5.218 ~ 5.220 所示。

坐姿屈臂伸

手臂发力向上推起身体

图 5.218

双杠屈臂伸1

双杠屈臂伸2

窄距为佳

图 5.219

钢索坐姿屈臂下压1

钢索坐姿屈臂下压2

腰背臀靠紧

脚在支撑托下

图 5.220

2．锻炼的肌肉

（1）主要肌。

肱三头肌、肘肌、胸大肌（下部）。

（2）次要肌。

三角肌前束、肱二头肌、喙肱肌。

（3）辅助肌。

前臂肌群、指屈肌群。

3．动作要领

夹肘；练习坐姿屈臂伸时虎口一定要朝向脚的方向；钢索坐姿屈臂下压，脚应放在支撑托下面起固定作用。

（六）动作名称：仰卧臂屈伸

1．动作示范

如图 5.221 和图 5.222 所示。

杠铃仰卧臂屈伸及保护1

正反握保护　　反握

大臂垂直

杠铃仰卧臂屈伸及保护2

重心升降

图 5.221

哑铃仰卧臂屈伸1

正握　　上臂垂直

哑铃仰卧臂屈伸2

图 5.222

2．锻炼的肌肉

（1）主要肌。

肱三头肌、肘肌。

（2）次要肌。

前臂屈肌群。

（3）辅助肌。

胸大肌、三角肌等。

3．动作要领

大臂与地面垂直；正握，握距与肩同宽。

4．注意事项

两脚左右分开控制身体平衡，重量过重须加强帮助和保护。

（七）动作名称：窄距俯卧撑

1．动作示范

如图 5.223～5.230 所示。

窄距俯卧撑1

窄距俯卧撑2

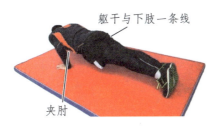

图 5.223

跪姿窄距俯卧撑1

跪姿窄距俯卧撑2

图 5.224

窄距俯卧撑1

窄距俯卧撑2

图 5.225

跪姿窄距俯卧撑1

跪姿窄距俯卧撑2

躯干与大腿一条线

俯卧撑练习器

图 5.226

心形俯卧撑1

心形俯卧撑2

双手食指和拇指围成"♡"型

躯干和下肢一条线

图 5.227

跪姿心形俯卧撑2

跪姿心形俯卧撑1

躯干与大腿一条线

图 5.228

减重窄距俯卧撑

加重窄距俯卧撑

躯干与下肢一条线　不塌腰

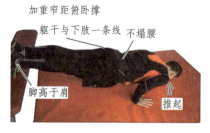

脚高于肩　　　推起

图 5.229

推

夹肘

躯干和下肢一条线

图 5.230

2．锻炼的肌肉

（1）主要肌。

肱三头肌、肘肌。

（2）次要肌。

胸大肌、三角肌前束、肱二头肌、喙肱肌。

（3）辅助肌。

腹直肌、腹横肌、股四头肌、髂腰肌、腹内外斜肌。

3．动作要领

夹肘，直体（不塌腰、不翘臀），虎口向前（头的方向）。

4．补充

跪姿窄距俯卧撑的辅助肌由股直肌取代股四头肌。

（八）动作名称：推倒立

1．动作示范

如图 5.231 和图 5.232 所示。

图 5.231

图 5.232

2．锻炼的肌肉

（1）主要肌。

肱三头肌、肘肌。

（2）次要肌。

三角肌前束、胸大肌、肱二头肌、喙肱肌。

3．动作要领

自己或在有帮助的情况下完成倒立，保护者两脚左右分开前后站立，护着被保护者的大腿或髋部。

4．注意事项

做头手倒立动作时注意头部安全，推不起时下肢要及时落下，不要用头着地。

八、屈、伸腕肌群

前臂前群肌近固定（肘侧），屈肘肌群有肱桡肌、桡侧腕屈肌、掌长肌、指浅屈肌和旋前圆肌，屈腕肌群有桡侧腕屈肌、掌长肌、尺侧腕屈肌、指浅屈肌、拇长屈肌和指深屈肌，屈第二至五指的肌群有指浅屈肌、拇长屈肌和指深屈肌，内旋小臂肌群有肱桡肌、旋前圆肌和旋前方肌，外旋小臂肌群有肱桡肌和旋后肌，外展腕的肌肉有桡侧腕屈肌，内收腕的肌肉有尺侧腕屈肌。前臂后群肌近固定（肘侧），伸腕肌群有指伸肌、尺侧腕伸肌、桡侧腕长伸肌和桡侧腕短伸肌，如图 5.233 和图 5.234 所示。

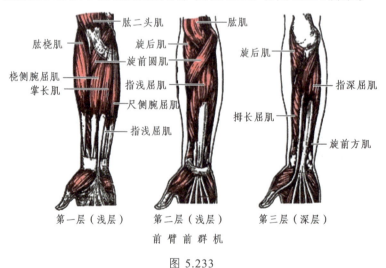

第一层（浅层）　第二层（浅层）　第三层（深层）

前 臂 前 群 机

图 5.233

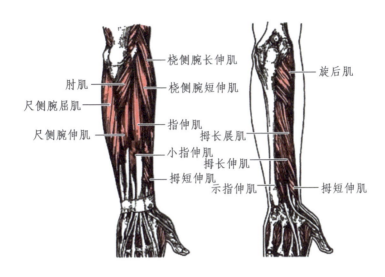

桡侧腕长伸肌

肘肌

尺侧腕屈肌

尺侧腕伸肌

桡侧腕短伸肌

指伸肌

小指伸肌

拇短伸肌

旋后肌

拇长展肌

拇长伸肌

示指伸肌

拇短伸肌

前 臂 后 群 机

图 5.234

（一）动作名称：屈腕

1．动作示范

如图 5.235～5.241 所示。

坐姿杠铃屈腕1

坐姿杠铃屈腕2

图 5.235

练习凳杠铃屈腕1

练习凳杠铃屈腕2

图 5.236

坐姿哑铃屈腕1

坐姿哑铃屈腕2

图 5.237

练习凳哑铃屈腕1

练习凳哑铃屈腕2

图 5.238

钢索屈腕2 钢索屈腕1

调整脚底高度

图 5.239

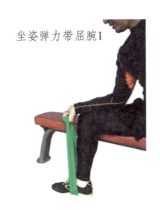
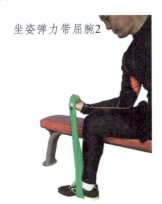

坐姿弹力带屈腕1 坐姿弹力带屈腕2

图 5.240

腕力器屈腕1 腕力器屈腕2

图 5.241

2．锻炼的肌肉

（1）主要肌。

屈腕肌群。

（2）辅助肌。

屈指肌群。

3．动作要领。

反握。

（二）动作名称：伸腕

1．动作示范

如图 5.242～5.246 所示。

练习凳杠铃伸腕1

练习凳杠铃伸腕2

图 5.242

坐姿杠铃伸腕1

坐姿杠铃伸腕2

图 5.243

练习凳哑铃伸腕2

练习凳哑铃伸腕1

图 5.244

钢索伸腕1

钢索伸腕2

负重卷板

左右手交替旋转

提升重物

图 5.245　　　　　　　图 5.246

2．锻炼的肌肉

（1）主要肌。

伸腕肌群。

（2）辅助肌。

屈指肌群。

九、屈指（指屈）肌群

（一）动作名称：握杠悬垂

1．动作示范

如图 5.247 所示。

抓握悬垂

图 5.247

2．锻炼的肌肉

（1）主要肌。

食指、中指、无名指、小指的屈指肌。

（2）辅助肌。

拇指屈肌。

3．动作要领

握住高横杠，悬空身体，持续控制，不能坚持时放手。

4．注意事项

横杠高度以落地安全为宜，横杠直径为 38 ~ 60 mm。

5．补充

这是锻炼指屈肌群肌耐力很好的方法，特别适合攀岩运动员用来作为体能训练的动作；横杠直径偏大为佳。

（二）动作名称

1．捏握力器（圈）

如图 5.248 所示。

捏握力器

捏握力圈

图 5.248

2．搓揉铁球

如图 5.249 所示。

搓揉两个钢球

搓揉三个钢球

图 5.249

3．抓铅球

如图 5.250 所示。

图 5.250

2．锻炼的肌肉

（1）主要肌。

指屈肌群。

（2）辅助肌。

伸腕肌群。

3．动作要领

捏握力器（圈），根据握力大小选择握力器（圈）的力度；抓铅球，手心向下抓握住铅球，放手让铅球自由下落，在铅球落地前，迅速从上往下抓住铅球，要根据手的大小和指力大小，确定铅球的规格，少年阶段的男生和女生用 4 kg 或 3 kg 的，成年阶段的男性和女性用 7 kg 或 5 kg 的，此动作利于训练屈手指的爆发力，比如适合推铅球运动员训练手指的爆发力；搓揉钢球，根据手指和握力大小选择两个球或三个球，顺时针或反时针揉捏钢球，不仅锻炼指力，还锻炼手指的灵活性和达到益脑的效果，适合中老年人使用。

（三）动作名称：五指宽距俯卧撑

1．动作示范

如图 5.251 所示。

五指俯卧撑

图 5.251

2．锻炼的肌肉

（1）主要肌。

指屈肌群、胸大肌。

（2）次要肌。

肱三头肌、三角肌前束、喙肱肌。

3．动作要领

跟宽距俯卧撑动作要领一样，五指分开、指尖着地。

4．补充

刚开始练习时，五指在软垫上进行锻炼，力量增加后可以在硬地上锻炼，从五指减少为四指（不用小指）、三指（拇指食指中指）、二指和一指，甚至发展到五指倒立、四指倒立、三指倒立、二指倒立和"一指禅"；适合推拿按摩从业者用来进行手指抓握力训练。**特点注意：如果要练习一指、二指俯卧撑或倒立，请务必在在此功法上具有深厚功底的师傅指导下进行。**

第三节　下肢带（盆带）和腿部

下肢带肌（盆带肌）有髂腰肌、梨状肌、臀大肌、臀中肌、臀小肌、闭孔内肌、闭孔外肌和股方肌；腿部肌有股四头肌、缝匠肌、阔筋膜张肌、股二头肌、半腱肌、半膜肌、耻骨肌、长收肌、股薄肌、短收肌、大收肌、胫骨前肌、蹞长伸肌、趾长伸肌、腓骨长肌、腓骨短肌、小腿三头肌（腓肠肌和比目鱼肌）、跖肌、腘肌、趾长屈肌、胫骨后肌和蹞长屈肌。

一、髂腰肌

很多运动项目的进行都离不开强大的髂腰肌力量的支持。近固定（上端），肌纤维收缩使大腿在髋关节处屈和旋外；远固定（下端），一侧肌纤维收缩使躯干侧屈，两侧肌纤维同时收缩使躯干前屈和骨盆前倾，如图 5.252 所示。

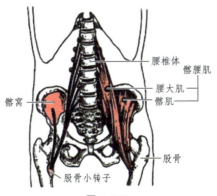

图 5.252

（一）动作名称：高抬腿跑

1. 动作示范

图 5.253

2. 锻炼的肌肉

（1）主要肌。

髂腰肌。

（2）次要肌。

股直肌、缝匠肌、阔筋膜张肌、耻骨肌、长收肌、短收肌、股薄肌、臀中肌前部、臀小肌前部。

3. 动作要领

屈膝高抬至大腿成水平，下落着地腿伸直。原地练习时，上体基本直立；行进间练习时，上体保持略微前倾。

4. 注意事项

增加负荷可以在踝关节处绑沙绑腿，沙绑腿中的填充料不宜用钢块或钢条，要用河沙、铁砂、铅砂等沙类材料。

（二）动作名称：前抬腿跑

1. 动作示范

如图 5.254 所示。

图 5.254

2．锻炼的肌肉

（1）主要肌。

髂腰肌。

（2）次要肌。

股四头肌、缝匠肌、阔筋膜张肌、耻骨肌、长收肌、短收肌、股薄肌、臀中肌前部、臀小肌前部、腹直肌、腹内外斜肌（参与度小）。

3．动作要领

上体后仰，屈膝，向前上方高抬下肢。

4．注意事项

落地用前脚掌着地缓冲。

5．补充

踝关节处绑沙绑腿增加负荷；此动作包含了抬腿训练的同时还附带屈髋动作，适合于用作跨栏运动员的体能训练项目。

（三）动作

1．动作名称：正踢腿

如图 5.255 所示。

正踢腿1

侧掌

支撑重心

脚尖点地

正踢腿2

直腿

直腿

图 5.255

2．锻炼的肌肉

（1）主要肌。

髂腰肌。

（2）次要肌。

股四头肌（腹直肌为主）、缝匠肌、阔筋膜张肌、耻骨肌、长收肌、短收肌、股薄肌、臀中肌前部、臀小肌前部。

3．动作要领

直腿、立腰、沉肩、顶头。

4．注意事项

保持身体平衡；武术运动的正踢腿练习是勾脚尖，舞蹈的正踢腿动作是蹦脚尖。

（四）动作名称：悬垂举腿（90°范围）、直角支撑

1．动作示范

如图 5.256 ~ 5.258 所示。

2．锻炼的肌肉

（1）主要肌。

髂腰肌、股直肌、腹直肌。

单杠悬垂举直腿

单杠悬垂举屈腿

图 5.256

双杠支撑收腹举屈腿
（双杠屈腿直角支撑）

双杠支撑收腹举直腿
（双杠直腿直角支撑）

腿的运动轨迹

腿部运动轨迹

图 5.257

双杠支撑收腹举屈腿

双杠支撑收腹举直腿

肘支撑

肘支撑

图 5.258

（2）次要肌。

缝匠肌、阔筋膜张肌、股内侧肌（直腿）、股外侧肌（直腿）、股中肌（直腿）、腹外斜肌、腹内斜肌、耻骨肌、长收肌、短收肌、股薄肌、臀中肌前部、臀小肌前部、（悬垂举腿）胸大肌和背阔肌等。

3．动作要领

单杠悬垂要正握杠，握距与肩宽，举直腿至水平，不翻臀。

4．补充

适合体操运动员将其作为体能训练项目。

（五）动作名称：仰卧举腿

1．动作示范

如图 5.259 和图 5.260 所示。

图 5.259   图 5.260

2．锻炼的肌肉

（1）主要肌。

髂腰肌、腹直肌（斜板效果佳）、股直肌。

（2）次要肌。

缝匠肌、阔筋膜张肌、腹外斜肌、腹内斜肌、耻骨肌、长收肌、短收肌、股薄肌、臀中肌前部、臀小肌前部。

3．动作要领

仰卧，手臂放在体侧、手心着垫，举直腿。

4．注意事项

增加负荷，踝关节处绑沙绑腿，或者当腿上举到位后，同伴给力推回。

（六）动作名称：顶膝

1．动作示范

如图 5.261 和图 5.262 所示。

图 5.261

图 5.262

2．锻炼的肌肉

（1）主要肌。

髂腰肌、股直肌。

（2）次要肌。

缝匠肌、阔筋膜张肌、耻骨肌、长收肌、短收肌、股薄肌、臀中肌前部、臀小肌前部。

（3）辅助肌。

腹直肌、腹内斜肌、腹外斜肌等。

3．动作要领

不收腹、不屈髋。

4．补充

适合作为武术、搏击等运动项目的体能训练。

（七）动作名称：收腹跳

1．动作示范

如图 5.263 所示。

原地收腹跳1

向后下预摆手臂

屈膝降重心

原地收腹跳2

上摆制动

跳起收腹 膝贴胸

图 5.263

2．锻炼的肌肉

（1）主要肌。

髂腰肌、腹直肌、股直肌。

（2）次要肌。

缝匠肌、阔筋膜张肌、腹外斜肌、腹内斜肌、耻骨肌、长收肌、短收肌、股薄肌、臀中肌前部、臀小肌前部、小腿后肌群、三角肌。

3．动作要领

准备姿势，双脚自然站立，并脚或双脚开立与肩同宽，脚跟离开地面，膝关节微屈，上体直立或微微前倾，双臂略外展置于体侧，屈肘；起跳时，双手臂向上摆起，同时，双脚蹬地跳起，身体腾空，紧接着屈膝收腹，双大腿贴胸；双脚落地，前脚掌着地，完成一次收腹跳。可以根据自己的能力，连续完成多次收腹跳。

4．注意事项

选择地面平坦、摩擦系数大的地面练习。此练习有利于纠正立定跳远落地前收腹时团身不够的问题。

二、梨状肌、臀中肌、臀小肌

在开展足球、武术和田径的一些运动项目时，需要梨状肌、臀中肌、臀小肌这些小肌肉具有强大的力量。梨状肌，近固定（骶部），肌纤维收缩使大腿在髋关节处外旋和外展；远固定（股骨大转子），两侧肌纤维同时收缩使骨盆后倾。臀中肌、臀小肌，近固定（上部），前部肌纤维收缩使大腿在髋关节处屈和内旋，后部肌纤维收缩使大腿在髋关节处伸和外旋，整体肌纤维收缩使大腿在髋关节处外展，如图 5.264 ~ 5.266 所示。

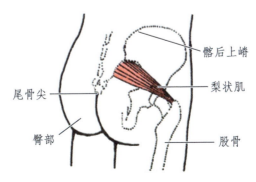

图 5.264

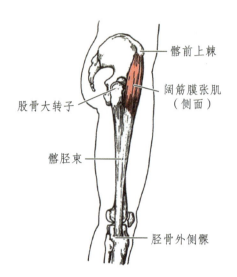

图 5.265

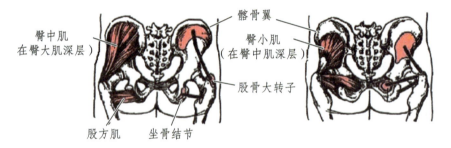

图 5.266

（一）动作名称：屈膝外展腿

1. 动作示范

如图 5.267 ~ 5.270 所示。

2. 锻炼的肌肉

主要肌。

臀中肌、臀小肌、梨状肌、臀大肌上半部。

弹力带坐姿外展大腿

钢索坐姿外展腿1

图 5.267

钢索坐姿外展腿2

图 5.268

外展大腿

弹力带固定在大腿
靠膝关节处

图 5.269

钢索腿外展1

屈膝　　　侧对器材

钢索腿外展2

图 5.270

3．动作要领

挺胸立腰，屈膝、水平外展大腿。

4．补充

臀中肌在臀大肌的深层，臀小肌在臀中肌的深层；开展武术和足球
等运动时，都需要加强以上几块肌肉的锻炼。

（二）动作名称：直腿外展

1. 动作示范

侧卧举腿1

侧卧举腿2

图 5.271

钢索外摆大腿1

钢索外摆大腿2

图 5.272

弹力带卧姿外展腿

吊绳外展大腿

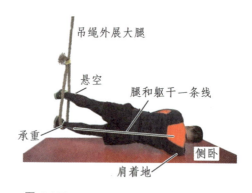

图 5.273

2. 锻炼的肌肉

（1）主要肌。

梨状肌、臀中肌、臀小肌、臀大肌上半部。

（2）次要肌。

阔筋膜张肌，腹内外斜肌（吊绳外展大腿）。

3．动作要领

直腿。

4．补充

弹力带能实现两腿同步锻炼，吊绳是利用自重锻炼下侧肌肉。

（三）动作名称：俯卧顶膝

1．动作示范

俯卧顶膝1　　　　　　　　　　俯卧顶膝2

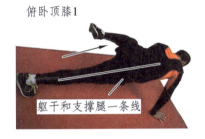

躯干和支撑腿一条线

图 5.274

2．锻炼的肌肉

此动作，使大腿在髋关节处屈的肌肉只做了轻微的等张收缩，主要是臀中肌、臀小肌、梨状肌、阔筋膜张肌和臀大肌上半部肌纤维收缩，保持大腿外展、悬空。

3．动作要领

手支撑，虎口朝前（头的方向）。

4．补充

踝关节绑沙绑腿可增加负荷，横胯需要较好的柔韧性。

三、臀大肌

近固定（上），肌纤维收缩使大腿在髋关节处伸和外旋，上半部肌纤维收缩使大腿外展，下半部肌纤维收缩使大腿内收；远固定（下），一侧收缩使骨盆转向对侧，两侧同时收缩使骨盆后倾，如图5.275所示。

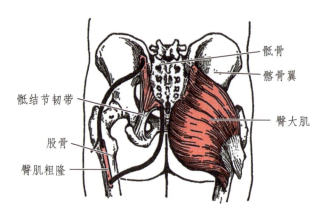

图 5.275

（一）动作名称：屈腿硬拉

1. 动作示范

如图 5.276～5.279 所示。

图 5.276

弹力带屈腿硬拉1

弹力带屈腿硬拉2

图 5.277

钢索屈腿硬拉1

钢索屈腿硬拉2

调整好站位高度

脚底稳固

图 5.278

横杆屈腿硬拉1

横杆屈腿硬拉2

塌腰

屈腿

正握或正反握
闭握 与肩宽

塌腰

大重量正反握

小飞鸟力量训练器

图 5.279

2．锻炼的肌肉

（1）主要肌。

臀大肌、竖脊肌。

（2）次要肌。

臀中肌后部、臀小肌后部、大收肌。

（3）辅助肌。

股四头肌、腘绳肌、腹内外斜肌。

3．动作要领

练习过程中，始终屈膝，髋部高度不变，立腰。

（二）动作名称：站姿后蹬腿

1．动作示范

如图 5.280 和图 5.281 所示。

图 5.280

图 5.281

2．锻炼的肌肉

（1）主要肌。

臀大肌。

（2）次要肌。

股二头肌长头、半腱肌、半膜肌、臀中肌后部、臀小肌后部、大收肌。

3．动作要领

屈膝。

4．补充

此动作，腘绳肌的参与度非常大。

（三）动作名称：后摆腿

1．动作示范

如图 5.282 和图 5.283 所示。

图 5.282　　　　　　　　　　图 5.283

2．锻炼的肌肉

（1）主要肌。

臀大肌。

（2）次要肌。

股二头肌长头、臀中肌后部、臀小肌后部、半腱肌、半膜肌、大收肌。

（3）辅助肌。

股二头肌短头、腓肠肌、跖肌。

3．动作要领

向正后方摆直腿。

（四）动作名称：俯身抬体

1．动作示范

如图 5.284 ~ 5.287 所示。

三羊挺身1

腿支撑 髋悬空

腿固定

三羊挺身2

图 5.284

弓步抬体1

手摸头侧
或耳朵

弓步

弓步抬体2

图 5.285

负重弓步抬体1

哑铃 壶铃
手抓片等

负重弓步抬体2

图 5.286

图 5.287

2．锻炼的肌肉

（1）主要肌。

臀大肌、竖脊肌。

（2）次要肌。

股二头肌长头、臀中肌后部、臀小肌后部、半腱肌、半膜肌、大收肌。

3．动作要领

直腿、躯干直、髋悬空。

4．补充

弓步抬体，只锻炼弓步同侧的臀大肌。

（五）动作名称：俯卧背腿

1．动作示范

如图 5.288 所示。

图 5.288

2．锻炼的肌肉

（1）主要肌。

臀大肌。

（2）次要肌。

臀中肌后部、臀小肌后部、股二头肌长头、半腱肌、半膜肌、大收肌。

3．动作要领

直腿，必须是髋支撑。

4．注意事项

练习凳的高度要满足腿的长度。

（六）动作名称：跪姿举（伸）腿

1．动作示范

跪姿举腿1

跪姿举腿2

跪姿伸腿1

跪姿伸腿2

图 5.289

2．锻炼的肌肉

（1）主要肌。

臀大肌。

（2）次要肌。

臀中肌后部、臀小肌后部、股二头肌长头、半腱肌、半膜肌、大收肌。

3．动作要领

腿下落时，膝盖或脚尖不着地；动作尽头时抬头。

（七）动作名称：仰卧挺髋

1．动作示范

仰卧挺髋1　　　　　　　　　　　　仰卧挺髋2

图 5.290

2．锻炼的肌肉

（1）主要肌。

臀大肌。

（2）次要肌。

竖脊肌、臀中肌后部、臀小肌后部、股二头肌长头、半腱肌、半膜肌、大收肌。

3．动作要领

并腿，屈膝约 90°，背部着垫，手掌触地。

4．补充

腹部放置杠铃片等重物可增加负荷。

（八）动作名称：负重深蹲

1．动作示范

杠铃负重深蹲1

杠铃负重深蹲2
（负重下蹲准备姿势）

立腰　　收腹

两脚开立
与肩宽或略比肩宽

重心压脚弓　　脚尖朝
膝盖前方

下蹲到底

图 5.291

T型杆负重深蹲2

T型杆负重深蹲1

横杆负重深蹲

小飞鸟力量训练器

深蹲

两脚开立比肩略宽

图 5.292

图 5.293

2．锻炼的肌肉

（1）主要肌。

臀大肌、股四头肌、臀中肌后部、臀小肌后部。

（2）次要肌。

股二头肌长头、半腱肌、半膜肌、大收肌。

3．动作要领

挺胸、立腰，脚尖朝膝盖正前方，重心压脚弓。

4．注意事项

加强保护（两人）。

5．补充

有个锻炼动作叫"哈克深蹲"，其锻炼效果和负重深蹲基本一样，只是采用的器材不同。

（九）动作名称：倒立展髋

1．动作示范

如图 5.294 所示。

双杠肩倒立展髋2

双杠肩倒立展髋1

杠间距不要过宽

抓住控制平衡

图 5.294

2．锻炼的肌肉

（1）主要肌。

臀大肌。

（2）次要肌。

股二头肌长头、半腱肌、半膜肌、臀中肌后部、臀小肌后部、大收肌。

3．动作要领

杠间距要窄，直腿、并腿，到达肩倒立时，收腹、紧腰、双手握杠控制平衡。

（十）动作名称：跨步跳、后蹬跑

1．动作示范

图 5.295

2．锻炼的肌肉

（1）主要肌。

臀大肌、股四头肌、腘绳肌。

（2）次要肌。

小腿后肌群。

3．动作要领

躯干伸直。

4．补充

当脚触地时，主要肌做离心收缩，紧接着做向心收缩，这是同步锻炼下肢各部爆发力的上佳动作，也是田径等诸多运动项目的体能训练的必选动作之一；跨步跳强调向上的力量；后蹬跑强调向前上方的力量，加强了对小腿后肌群的锻炼。

四、股四头肌

近固定（上），股直肌肌纤维收缩使大腿在髋关节处屈，整体肌纤维一起收缩使小腿在膝关节处伸；远固定（下），肌纤维收缩使大腿在膝关节处伸，如图 5.296 所示。

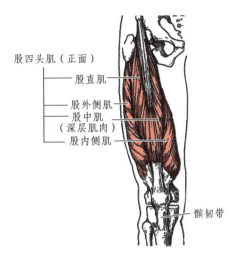

图 5.296

（一）动作名称：负重半蹲起

1. 动作示范

杠铃负重半蹲1

正握杆
立腰
大腿水平
脚尖朝膝盖方向

图 5.297

杠铃负重深蹲2
（负重下蹲准备姿势）

立腰　收腹
两脚开立
与肩宽或略比肩宽
重心压脚弓
脚尖朝
膝盖前方

哑铃负重半蹲

大腿水平

图 5.298

T型杆负重半蹲2

T型杆负重半蹲1

弹力带负重半蹲

弹力带搭肩上

图 5.299

图 5.300

横杆负重半蹲1

横杆负重半蹲2

半蹲

两脚开立比肩略宽

小飞鸟力量训练器

图 5.301

2．锻炼的肌肉

（1）主要肌。

股四头肌。

（2）次要肌。

臀大肌、臀中肌后部、臀小肌后部、股二头肌长头、半腱肌、半膜肌、大收肌。

3．动作要领

挺胸、立腰，脚尖朝膝盖方向，重心压脚弓。

4．注意事项

大重量杠铃负重，加强保护（两人）。

（二）动作名称：（半位）坐姿(倒)蹬腿

1．动作示范

如图 5.302 和图 5.303 所示。

钢索坐姿蹬腿1

钢索坐姿蹬腿2

腰背臀紧贴靠背

图 5.302

倒蹬1

倒蹬2

左右1/3
上下居中

半蹲位

挂片式力量训练器

图 5.303

2．锻炼的肌肉

（1）主要肌。

股四头肌。

（2）次要肌。

臀大肌、臀中肌后部、臀小肌后部、股二头肌长头、半腱肌、半膜肌、大收肌。

3．动作要领

屈膝一半（即半位蹬腿），相当于负重半蹲起，双脚平行踏在踏板的左右三分之一交界处；臀、腰、背靠紧靠背，倒蹬时头部也要靠着靠背。

4．注意事项

不能突然用大重量练习，要根据训练水平，逐步增加负重。

（三）动作名称：坐姿踢腿

1．动作示范

如图 5.304 和图 5.305 所示。

钢索坐姿踢腿1　　　　钢索坐姿踢腿2

弹力带坐姿踢腿

小腿运动轨迹

图 5.304　　　　　　　　图 5.305

2．锻炼的肌肉

主要肌。

股四头肌。

3．动作要领

躯干直，臀、腰、背靠紧靠背。

4．补充

这是锻炼股四头肌能量最集中的动作。

（四）动作名称：箭步蹲（走）

1．动作示范

如图 5.306 ~ 5.309 所示。

箭步蹲1

箭步蹲（走）2
（准备姿势）

蹬腿回位

大弓步

图 5.306

杠铃负重箭步蹲1

杠铃负重箭步蹲（走）2
（准备姿势）

蹬腿回位

正握

图 5.307

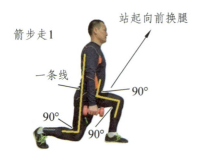

图 5.308

图 5.309

2．锻炼的肌肉

（1）主要肌。

股四头肌。

（2）次要肌。

臀大肌、臀中肌后部、臀小肌后部、股二头肌长头、半腱肌、半膜肌、大收肌。

（3）辅助肌。

小腿后肌群。

3．动作要领

箭步蹲向前迈步偏大，前腿弓步，后退蹬直，然后，前腿蹬地，退回到站立准备姿势，交换向前迈腿，依次练习。箭步走向前时迈步距离适度，下蹲时，前腿大腿成水平、小腿与大腿垂直，后退大腿与地面垂直，小腿与地面平行，形成图中"三个 90° 和一条线"；然后，前腿蹬地、重心升起、站稳，收后腿、再向前迈步，依次练习。

4．补充

负大重量手铃进行健步走时还可锻炼小腿的平衡掌控能力。

（五）动作名称：单腿下蹲

1．动作示范

如图 5.310 所示。

图 5.310

2．锻炼的肌肉

（1）主要肌。

股四头肌、臀大肌。

（2）次要肌。

臀中肌后部、臀小肌后部、股二头肌长头、半腱肌、半膜肌、大收肌。

3．补充

在没有负重可使用的情况下，采用单腿下蹲可以成倍地增加运动负荷，也就相当于负重下蹲。如果站起来困难，可以用手借力；如果下肢力量足够，可以脱手练习，同时锻炼下肢的平衡掌控能力。

五、腘绳肌（股二头肌、半腱肌、半膜肌）

股二头肌，近固定（上），肌纤维收缩使小腿在膝关节处屈和外旋，（直腿时，股二头肌长头）肌纤维收缩使大腿后伸；远固定（下），两侧肌纤维同时收缩使骨盆后倾。半腱肌、半膜肌，近固定（上），肌纤维收缩使小腿在膝关节处屈和内旋，（直腿时）肌纤维收缩使大腿后伸；远固定（下），两侧肌纤维同时收缩使骨盆后倾。如图 5.311 和图 5.312 所示。

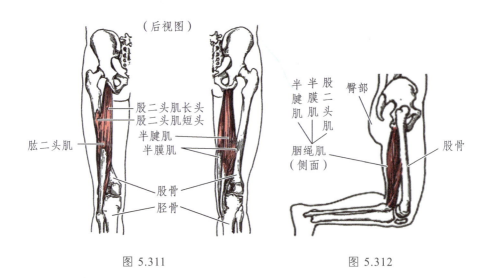

图 5.311 　　　　　　　　　　　图 5.312

（一）动作名称：（俯卧、坐姿或站姿）勾腿、后踢腿跑

1. 动作示范

如图 5.313～5.315 所示。

钢索俯卧勾腿1 　钢索俯卧勾腿2

图 5.313

钢索坐姿勾腿1 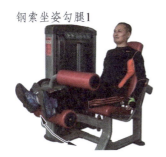　钢索坐姿勾腿2

图 5.314

弹力带勾腿

小腿运动轨迹

后踢腿跑

脚跟靠臀

图 5.315

2．锻炼的肌肉

（1）主要肌。

腘绳肌。

（2）次要肌。

腓肠肌、股薄肌、缝匠肌。

（3）辅助肌。

臀中肌后部、臀小肌后部和臀大肌（弹力带勾腿和后踢腿跑）。

3．动作要领

后踢腿跑不屈髋。

（二）动作名称：直腿硬拉

1．动作示范

如图 5.316 ~ 5.320 所示。

杠铃直腿硬拉1

杠铃直腿硬拉2

塌腰

轻：正握闭握与肩宽
重：正反握闭握

大重量正反握

直腿两脚开立比肩略宽
脚尖朝膝盖放心

图 5.316

弹力带直腿硬拉

立腰

躯干运动轨迹

图 5.317

钢索直腿硬拉1

直腰

直腿

脚下要稳固

图 5.318

钢索直腿硬拉2

横杠直腿硬拉1

塌腰

直腿

脚略比肩宽

小飞鸟力量训练器

横杆直腿硬拉2

图 5.319

T型杆直腿硬拉1

立腰

沉肩

固定端

错位对握

T型杆直腿硬拉2

图 5.320

2．锻炼的肌肉

（1）主要肌。

腘绳肌（股二头肌短头除外）。

（2）次要肌。

臀大肌、竖脊肌、臀中肌后部、臀小肌后部、大收肌。

3．动作要领

沉肩、挺胸、立腰、直腿，双脚开立与肩同宽，脚尖朝膝盖方向，重心压脚弓。

4．补充

较重的手铃、杠铃片和壶铃等都可当作阻力源。杠铃杠肩上时的锻炼效果一样，如果杠铃过重，垫毛巾等软物，可以减轻横杆对肩背的压力。

（三）动作名称：后摆腿跑

1．动作示范

如图 5.321 所示。

后摆腿跑

上体前倾

大腿后摆

图 5.321

2．锻炼的肌肉

（1）主要肌。

腘绳肌、臀大肌。

（2）次要肌。

臀中肌后部、臀小肌后部、大收肌、腓肠肌。

3．动作要领

尽可能地后摆大腿，小腿折叠（屈膝）较小。

（四）动作名称：负重稍蹲起

1．动作示范

如图 5.322 所示。

钢索负重稍蹲1

钢索负重稍蹲2

小飞鸟力量训练器

图 5.322

2．锻炼的肌肉

（1）主要肌。

腘绳肌、股四头肌。

（2）次要肌。

臀大肌、臀中肌后部、臀小肌后部、大收肌。

3．动作要领

微屈膝，身体重心比负重半蹲略高，立腰、沉肩。

4．补充

可用杠铃等负重稍蹲起。此动作可以承担极大负重，通常用来锻炼下肢爆发力，做杠铃练习时，加强保护和帮助，最好选择从杠铃架上扛起杠铃开始练习，如果没有杠铃架，在其他两人的帮助下把杠铃抬到练习者肩上；练习结束后，进行器械的安全归位时也要加强帮助和保护。

六、大腿内收肌群（耻骨肌、长收肌、短收肌、 大收肌、股薄肌）

　　耻骨肌、长收肌和短收肌近固定（上），肌纤维收缩使大腿在髋关节处屈、内收和外旋；远固定（下），两侧肌纤维同时收缩使骨盆前倾。大收肌近固定（上），肌纤维收缩使大腿在髋关节处内收、后伸、外旋；远固定（下），两侧肌纤维同时收缩使骨盆后倾。股薄肌近固定（上），肌纤维收缩使大腿在髋关节处内收和屈，使小腿在膝关节处屈和内旋；远固定（下），两侧肌纤维同时收缩使骨盆前倾。如图 5.323。

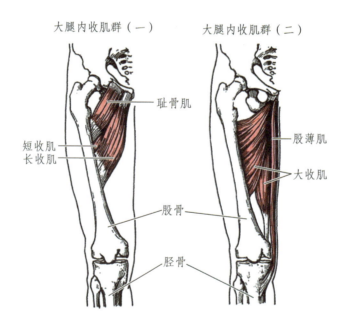

图 5.323

　　动作名称：内收腿。

1．动作示范

如图 5.324 ~ 5.328 所示。

钢索坐姿内收腿1　　　　钢索坐姿内收腿2

臂力棒坐姿内收腿

手握臂力棒两端
置于大腿下端内侧

夹腿

图 5.324

图 5.325

自重内收大腿

内绳内收大腿

躯干和腿一条线

吊绳

肘支撑

侧卧 躯干和下肢一条线

小腿支撑

肘支撑

图 5.326

图 5.327

钢索内收大腿1

钢索内收大腿2

侧对器材

手扶稳

适度垫高支撑腿

图 5.328

2．锻炼的肌肉

（1）主要肌。

大腿内收肌群。

（2）辅助肌。

腹内外斜肌（自重练习）、腹直肌和竖脊肌。

3．动作要领

立腰，不屈髋（自重和站姿练习）。

七、小腿后肌群（腓肠肌、比目鱼肌、趾长屈肌、蹋长屈肌、胫骨后肌）

　　浅层腓肠肌和深层比目鱼肌（合称小腿三头肌），近固定（上），整体肌纤维收缩使足在踝关节处屈，（腓肠肌）收缩使小腿在膝关节处屈。趾长屈肌、蹋长屈肌和胫骨后肌近固定（上），肌纤维收缩使足在踝关节处屈和内翻；远固定（脚趾），肌纤维收缩可保持足尖站立；趾长屈肌近固定，肌纤维收缩使 2～5 趾屈；蹋长屈肌近固定，肌纤维收缩使蹋趾屈。如图 5.329 所示。

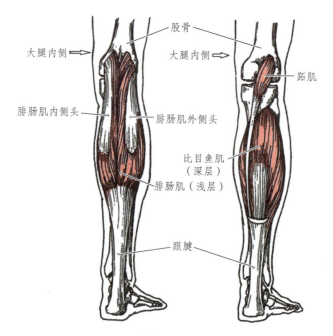

图 5.329

（一）动作名称：站姿起踵

1. 动作示范

如图 5.330 和图 5.331 所示。

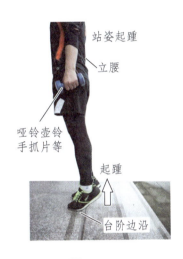

图 5.330

图 5.331

2. 锻炼的肌肉

主要肌。

小腿后肌群。

3. 动作要领

收腹、立腰、收腿、夹臀、挺胸、沉肩。

4. 注意事项

防止踩滑脱。

5. 补充

负重形式多种多样，同时还可以选定负重杠铃、手抓杠铃片、穿沙背心、背训练的同伴等方式；垫高前脚掌，不仅加大运动幅度、提升锻炼效果，而且还锻炼了下肢的平衡掌控能力。

（二）动作名称：坐姿起踵

1．动作示范

如图 5.332 和图 5.333 所示。

杠铃坐姿起踵2 　　　　　　　杠铃坐姿起踵1

反握闭握
拳背面置膝上部

图 5.332

坐姿起踵

起踵

图 5.333

2．锻炼的肌肉

（1）主要肌。

比目鱼肌、趾长屈肌、蹈长屈肌、胫骨后肌。

（2）次要肌。

腓肠肌。

3．动作要领

　　哑铃或杠铃，双手反握，手背置于膝盖上方，能在重物和腿部之间起缓冲减压的作用。

八、小腿前肌群（胫骨前肌、趾长伸肌、蹈长伸肌）

　　小腿前肌群，近固定（上），肌纤维收缩使足在踝关节处伸（勾脚尖）；蹈长伸肌，近固定，肌纤维收缩伸蹈趾；胫骨前肌，近固定，肌纤维收缩使脚内收和旋外（脚内翻）；趾长伸肌，近固定，肌纤维收缩使足外翻。如图 5.334 所示。

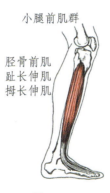

图 5.334

动作名称：勾脚尖。

1．动作示范

如图 5.335 和图 5.336 所示。

图 5.335

图 5.336

2．锻炼的肌肉

主要肌。

小腿前肌群。

3．注意事项

鞋面有一定的厚度或者脚背加软垫。

4．补充

足球运动员做颠球、踢球等动作，都需要有力的小腿前肌群。足球运动的外脚背踢球，需要趾长伸肌强健有力。

第四节　肌肉用力分析列举

一、举杠铃

（一）器材

杠铃重量，对大多数人来说，男士用 20 kg，女士用 10 kg 是比较合适的，直杠杠长 1.2 ～ 1.5 m。

（二）动作示范

如图 5.337 和图 5.338 所示。

图 5.337

图 5.338

（三）动作要领

站立，双脚开立与肩同宽，双脚平行或脚尖朝向膝盖正前方，双手正握、闭握（食指和拇指形成环状包围杠铃杆）、宽握（大臂上举成水平时，小臂正好与大臂垂直为宜）杠铃，重心前压到脚弓；从体前下（原始位置）开始，上举杠铃经胸前略停再上举至头顶，完全伸直手臂（顶点位置），直到手持杠铃原路返回即计为一个。注意，上举和下落杠铃经过胸前时要有停顿；增肌和减脂，从初始位置到极限位置。

（四）注意事项

练习时双脚不能离开地面，双腿不能弯曲，躯干不能有明显的前倾。接近力竭前实施保护，保护者站在练习者身后，站位高度比练习者高 50～60 cm 为佳，准备托举杠铃。注意，保护者不能把手伸到练习者肩上前方，只能把手放在练习者头侧上方做保护。

（五）锻炼效果：

抓举杠铃 1 至抓举杠铃 2 的动作，锻炼的肌肉部位有肱桡肌、桡侧腕屈肌、掌长肌、指浅屈肌、旋前圆肌、肱二头肌、肱肌；从抓举杠铃2 至抓举杠铃 3 的动作，锻炼的肌肉部位有屈腕肌群、肱三头肌、肘肌、胸大肌、肱二头肌、喙肱肌、三角肌、冈上肌；从抓举杠铃2 返回抓举杠铃 1 动作，开始时段锻炼屈腕肌群，动作后段锻炼伸腕肌群；整个过程中，参与的辅助肌有斜方肌上束、中束、肩胛提肌、菱形肌和屈指肌，且都会得到一定的锻炼。因此，这是锻炼上肢和上肢带肌的理想动作。

二、健腹轮运动

（一）器材

小杠铃、手杠铃或健腹轮。

（二）动作示范

如图 5.339 和图 5.340 所示。

站姿推健腹轮1　　　　　站姿推健腹轮2

向前推出

站姿推健腹轮3

向后拉回

图 5.339

跪姿推健腹轮1　　　　　　　跪姿推健腹轮2

向前推出

跪姿推健腹轮3

向后拉回

图 5.340

（二）动作要领

直体或跪姿，正握器材，器材置于体前平整地面，缓慢向前推出，至躯干和手臂与地面成水平；然后，用力拉回器材到起始位，整个练习过程中，器材不离开地面。

（三）注意事项

初始练习和力量较弱者，采用跪姿较好，完成此动作需要具备一定的力量基础。

（四）锻炼效果

锻炼的主要肌有腹直肌、胸大肌、三角肌后束、背阔肌、冈下肌、小圆肌、大圆肌、肩胛下肌、肱三头肌长头，次要肌有腹内斜肌、腹横肌、三角肌前束（略小）、前臂屈肘肌群、肱二头肌、肱肌、前臂屈腕肌群和股四头肌（屈膝只有股直肌）。

三、悬垂翻身

（一）器材

高单杠或吊环。

（二）动作示范

如图 5.341 所示。

图 5.341

（三）动作要领

正握单杠或吊环，悬垂身体开始，收腹举腿至头上方，下肢继续向后，成反吊状态，然后原路返回到起始位，完成一次悬垂翻身动作，如此重复。

（四）注意事项

确保落地安全，单杠或吊环不宜过高。

（五）锻炼效果

锻炼的主要肌有髂腰肌、腹直肌、胸大肌、背阔肌；次要肌有冈下肌、小圆肌、肩胛下肌、大圆机、三角肌前束、三角肌后束、斜方肌、竖脊肌、屈指肌和股直肌等。此动作锻炼躯干和上肢带的肌肉较多。抗阻练习之后，再练此动作，可以使相关肌肉部位的线条明显。

四、单杠连续翻身上

（一）器材

低单杠。

（二）动作示范

低单杠翻身上1
下肢运动轨迹
低单杠翻身上2
低杠翻身上3
低杠翻身上4

图 5.342

（三）动作要领

正握、闭握单杠，握距与肩同宽，悬垂身体开始，收腹（卷腹）翻身到单杠上方，成腹部支撑，不换手，松手顺向再握紧；缓慢下落身体到开始姿势，脚不落地，然后，如此重复。

（四）注意事项

单杠高度不宜过高，低单杠为宜；最好带护掌练习，防止手皮拉破。

（五）锻炼效果

锻炼的主要肌有髂腰肌、腹直肌、胸大肌、背阔肌、前踞肌、肱二头肌、肱三头肌、肱肌、屈腕肌、屈指肌、股直肌、三角肌后束；锻炼的次要肌有冈下肌、小圆肌、肩胛下肌、大圆机、竖脊肌、臀大肌和腘绳肌等。

五、引体向上

（一）器材

高单杠。

（二）动作要领

双手正握、闭握单杠，握距与肩宽或略比肩宽，悬垂身体、静止、肘部完全绷直；两条腿可以伸直，可以弯曲，也可以交叉，依照个人习惯；两脚离地，距离地面的高度视个人身高而定，确保落地安全。动作开始，双臂同时上拉身体，保持小臂竖直，下颌越过杠的上沿即为完成一个动作，然后下落至肘部完全绷直，才能开始下一个动作。在整个的运动过程中，不能蹬腿，背部（脊柱）挺直，脖颈上伸。

图 5.343

（三）注意事项

防止手滑脱杠。解决的方法是用干的棉布擦手、带防滑手套、手心抹镁粉或者干的泥土灰。

（四）锻炼效果

锻炼的主要肌有屈腕肌、肱二头肌、背阔肌、胸大肌、肱肌、喙肱肌、肱三头肌长头、三角肌后束和大圆肌；次要肌有冈下肌、小圆肌、肩胛下肌、胸小肌、斜方肌中部和下部、肱桡肌和菱形肌。其中，屈腕肌、肱二头肌、背阔肌、胸大肌和肱肌的锻炼效果最佳。腰腹部的肌肉承接腰部以下肢体的重量，所以，对腰腹部的肌肉也能起到一定的锻炼作用。

六、单杠慢拉上

（一）器材

高单杠。

（二）动作示范

如图 5.344 所示。

单杠慢拉上1

正握闭握与肩宽

单杠慢拉上2

双手慢速同步下拉

单杠慢拉上3

双手同步压腕

单杠慢拉上4

图 5.344

（三）动作要领

正握、闭握单杠，握距与肩同宽，悬垂、静止身体，慢拉做引体向上，当下颚到达单杠上沿时，继续用力屈腕，压腕使躯干越过横杠，成杠上正握支撑。

（四）注意事项

深握单杠，不借助爆发力引体，头稍微后仰下落。

（五）锻炼效果

引体向上动作能锻炼到的肌肉部位，此动作都能锻炼到，动作难度很大，要加强锻炼屈腕肌、肱三头肌和肘肌，采用宽握杠的方式会适度降低难度。

七、T型负重翻身举

（一）器材

T型力量训练器材（大杠铃杆另一端在低处固定，配重在握手一端）。

（二）动作示范

如图 5.345 所示。

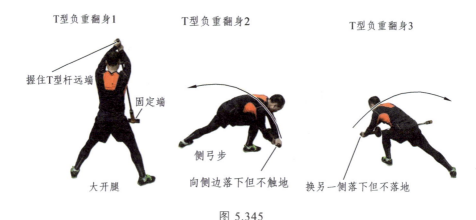

图 5.345

（三）动作要领

半蹲姿势，双手举起配有杠铃片的 T 型杆外端，上举到头顶，然后，从身体一侧下落，成侧弓步，器材不着地；接着，原路返回，侧弓步变为稍蹲，举器材从身体另外一侧下落，在另一侧成侧弓步，器材也不着地，如此重复。

（四）注意事项

当器材落地时，T 型杆外端（手握端）要高于内端；牢固固定配重片外端，以防脱落；器材在身体侧面时，下肢成侧弓步。

（五）锻炼效果

锻炼的肌肉有上肢肌、上肢肩带肌、胸大肌、腹内外斜肌、竖脊肌、下肢带肌和下肢肌，锻炼部位较多，适合作为摔跤、格斗、划船、篮球、足球等诸多项目的肌力和肌耐力训练项目。

八、立定跳远

（一）器材

立定跳远专用垫或不滑的地面。

（二）动作示范

如图 5.346 所示。

立定跳远1

向后预摆 闭气半口

屈膝压紧膝、裸关节

两脚开立肩宽以内 脚尖朝膝盖正前方 脚跟离地

立定跳远2

摆臂制动

蹬地至腿伸直

跳起角40°~42°

立定跳远3

收腿收腹 团身落地

重心前移

下肢适度放松

脚跟先着地

图 5.346

（三）动作要领

双脚并拢或开立（不超肩宽），站在起跳线后，脚跟离地，向后伸展身体（预摆），深吸一口气、向前俯身、同时向后下方摆臂、屈膝，压紧膝关节和踝关节；突然向前上方摆臂、前脚掌蹬地、下肢蹬直、向前上方跳起，空中伸直身体；接着收腹、收腿、屈膝、团身、脚跟先着地落下、并站稳。

（三）注意事项

充分热身、穿抓地性能好的运动鞋。

（四）锻炼效果

锻炼的主要肌有脚底屈肌群、小腿后肌群、股四头肌、臀大肌、臀中肌后部、臀小肌后部、腘绳肌（充分蹬腿到直腿离地）、大收肌，锻炼的次要肌有三角肌前束、髂腰肌、阔筋膜张肌、缝匠肌、耻骨肌、长收肌、短收肌、股薄肌、臀中肌前部、臀小肌前部、腹直肌、腹内外斜肌和竖脊肌等。

九、V形跳（深沟跳）

（一）器材

两个稳定的、顶部平整的、高度可调的台面。

（二）动作示范

如图 5.347 所示。

图 5.347

（二）动作要领

从一个台面的顶部跳下，前脚掌落地，紧接着跳起落在另一个台面上；站稳后，转身，如此重复练习。

（三）注意事项

台面高度不能太高，要控制在练习者容易跳上的高度，否则，容易因体力不够跳不上去而跌落，以至于摔伤。

（四）锻炼效果

主要锻炼下肢肌、臀大肌、臀中肌后部和臀小肌后部的爆发力，对腹直肌、髂腰肌和股直肌起次要的锻炼作用，对腹内外斜肌也有一定的锻炼作用。因跳下脚着地时，发力跳起的肌肉先做离心收缩，立刻又克服阻力做向心收缩，根据相关研究（详见第二章第二节的"离心收缩训练法"），这种方法能很好地发展肌肉的爆发力，适合专业运动员训练使用。如果增加负重，锻炼效果更佳，比如背上沙背心进行练习。

十、篮球运动：原地单手肩上投篮

原地单手肩上投篮，发力顺序是从下肢蹬地开始，通过躯干传力到肩部，然后上抬大臂、伸小臂、最后屈腕拨指，如图 5.348 和图 5.349 所示。

原地单手肩上投篮

图 5.348

原地单手肩上投篮

图 5.349

原地单手肩上投篮动作的完成,起主要作用的肌肉部位是肱三头肌、肘肌、屈腕肌群和屈指肌群。抬臂、伸臂、屈腕和拨指的发力,必须在肩关节处得到稳固的支撑,并通过手臂传力到达指尖,实现投球的目的,因此,与肩关节相关联的胸大肌、三角肌前束和中束、肱二头肌、喙肱肌、胸小肌、前锯肌和斜方肌上束,要做静力性收缩,起到稳固肩关节的作用,被认为是次要肌。

十一、排球运动:正面大力扣球

正面大力扣球,首先是助跑跳起,然后身体形成反弓,抬臂、引臂和转体,接着收腹、转体、伸臂,最后含胸、挥臂扣球、落地缓冲,如图 5.350 和图 5.351 所示。

图 5.350 图 5.351

完成起跳动作的主要肌有股四头肌、腘绳肌、臀大肌、大收肌、臀中肌后部、臀小肌后部、小腿后肌群和屈趾肌,完成扣球动作的主要肌有胸大肌、背阔肌、三角肌后束、大圆肌、肩胛下肌、冈下肌、小圆肌、前锯肌、肱三头肌、肘肌、屈腕肌、屈指肌、腹直肌、腹内斜肌、腹外斜肌,完成扣球动作的次要肌有竖脊肌、髂腰肌、胸小肌、三角肌前束、喙肱肌、肱二头肌、斜方肌上束、斜方肌中束、菱形肌和肩胛提肌。

十二、足球运动：正脚背踢球

正脚背踢球，首先，跨步急停、踢球腿的后摆和折叠小腿，然后，在支撑腿着地的同时，踢球腿由大腿带动小腿、以髋为轴向前摆腿，最后，小腿爆发式地向前踢出，如图 5.352 和图 5.353 所示。

正脚背踢远球　　　　　　　　　　　　　正脚背踢远球

图 5.352　　　　　　　　　　　　　　图 5.353

完成急停的主要肌有屈趾肌、小腿后肌群、股四头肌、腘绳肌、臀大肌，完成踢球的主要肌有髂腰肌、股四头肌、阔筋膜张肌、缝匠肌、耻骨肌、长收肌、短收肌、股薄肌、臀中肌前部、臀小肌前部和小腿前肌群，完成正脚背踢球的次要肌有腹直肌、腹内斜肌、腹外斜肌和竖脊肌。

对动作完成过程中的肌肉进行用力分析，要从动作准备姿势开始，到动作结束为止，找出每个环节用力的主要肌、次要肌和辅助肌，如果其中有任何一块肌肉力量薄弱，都会影响动作的完成。找出完成动作中力量薄弱的主要肌，有针对性地进行靶向训练，一定能提高完成动作的能力。

各类运动动作很多，在此不做一一列举。

第六章　放　松

　　放松练习，是体育运动之后必不可少的部分，可是，常常被人们忽略。运动训练后，肌肉分泌物的堆积和增加使肌肉紧张，肌肉通过放松后，不仅可以减少局部乳酸的堆积，而且还会起到舒筋活络、促进血液循环、增强关节韧带的弹性和韧性，加快肌肉的疲劳恢复，较快地提高运动成绩。运动后，长期坚持做放松练习的肌肉会显得有活性而不死板。因此，我们运动后一定要加强放松练习，特别是在开展竞技体育和健身运动后。

第一节　自我放松

　　没有他人帮助，通过自己做一些动作，可以达到放松肌肉的目的，称为自我放松。其动作多样，下面列举几个。

一、慢跑

　　动作要领：缓步慢跑，全脚掌着地，手臂在体侧自然下垂，抖动肩部，手臂也随之抖动；也可小幅度地踢腿跑，跑步距离在 200～400 m。慢跑，可以放松全身各部位的肌肉。

二、甩腕

　　动作要领：微屈肘，手心或手背向上，上、下轻微摆动小臂，甩动手腕。甩腕，可放松前臂屈肌群和伸腕肌群。

三、原地跳

动作要领：膝微屈，手臂自然下垂，单腿或双腿小跳，并随着跳动节奏、上下抖动全身。原地跳，可使全身肌肉随之放松。

四、抖肩

动作要领：双脚开立与肩同宽，膝微屈，手臂在体侧自然下垂，以膝关节为中心，下肢弹振式上下发力，全身开始上下抖动，肩部的上下抖动幅度最明显。抖肩，尤其是对背部、胸部、肩部和上肢肌肉的放松效果很好，如图 6.1 所示。

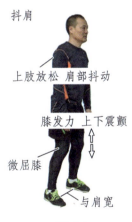

图 6.1

五、肩上摆臂

动作要领：站姿，手臂在体侧，手心向前，向前上方摆动手臂到极限，此时曲肘、手可触及肩背，然后，手臂原路回落到体侧、体后，如此重复练习。肩上摆臂，可放松肱二头肌和肱三头肌，如图 6.2 所示。

肩上摆臂1　　　　　　　　肩上摆臂2

手臂放松　摆臂轨迹

图 6.2

六、前后交叉摆臂

动作要领：站姿，摆动双臂，使双臂在体前和体后斜下方直臂交叉。前后交叉摆臂，可放松肩关节周围相关的肌群，如三角肌、胸大肌、斜方肌等，如图 6.3 所示。

前后交叉摆臂2

前后交叉摆臂1

直臂放松
前摆交叉

直臂放松
后摆交叉

图 6.3

七、交叉踢腿

动作要领：站姿，两脚开立与肩宽，双臂自然下垂，左右腿交换、放松向异侧踢腿，配合转体摆臂，手脚协调就像走路一样。交叉踢腿，可放松腰部、髋部和腿部肌肉，如图 6.4 所示。

图 6.4

八、抖小腿

动作要领：小幅抬起一只腿，然后放松"抖"下去，左右腿交替进行。抖小腿，可放松下肢肌肉，如图 6.5 所示。

图 6.5

八、摇大腿

动作要领：双脚开立与肩同宽，直膝站立，上体前俯，双手抱住股四头肌、并摇动它（注意，必须是直膝，股四头肌才处于放松状态）。摇大腿，可放松股四头肌，如图 6.6 所示。

放松肱四头肌

躯干前俯

抓住 左右抖动

直腿

略比肩宽

图 6.6

九、捶、捏小腿

动作要领：坐姿，屈膝，双手从腿的两侧同时轻锤小腿后群肌或者单手抖动、摇动小腿后群肌。捶、捏小腿后群肌，使之放松，坐矮板凳或垫上进行最好，如图 6.7 所示。

捶小腿   捏小腿

完全放松

双拳双向同时锤击

坐脚后跟

捏

完全放松

坐脚后跟

图 6.7

第二节 按摩放松

按摩放松是运用中医的推拿手法，同伴之间或者由专门的按摩师，对运动后的肌肉、关节和韧带，实施各种按摩手法，从而达到放松肌肉的目的。

一、按摩的基本常识

（一）按摩的时间

每个部位的肌肉、关节或韧带，按摩用时 3 ~ 5 min。

（二）按摩的力度

轻柔或中度用力，整个按摩过程的力度要先轻后重，最后再用轻手法结束，被按摩的肌肉的生理感受以有舒服的微胀痛感、且能够承受为宜，如果被按摩者叫"痛"，说明力度大了，就要适度减力。

（三）按摩的路线

从远离心脏的地方，向靠近心脏的方向按摩。

（四）按摩的体位

让被按摩的肌肉部位处于完全放松状态，根据按摩不同肌肉部位的需要，采用站姿、坐姿、仰卧或俯卧，不要直接躺在地上，最好是躺在垫子上进行按摩放松。

（五）按摩动作的频率

每分钟 100 ~ 160 次，根据手法的不同而有快有慢，整个按摩的开始阶段和某手法开始时段，动作频率宜慢。

二、按摩的基本手法

（一）摩法

用手指或手掌附着在体表，连续、有节奏地做环状摩动。分为指摩法、掌摩法和大、小鱼际摩法。

动作要领如下。

1．指摩法

手掌自然伸直，食指、中指、无名指和小指并拢，大拇指指面贴着施术部位，做环形摩动，此手法适用于面积较小的部位。

2．掌摩法

五指并拢，手掌平置贴着施术部位，做环形摩动。

3．大、小鱼际摩法

大、小鱼际贴着施术部位，做环形摩动。

详见图 6.8 ~ 6.11。

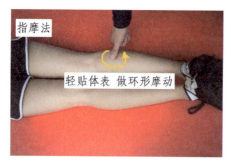

图 6.8

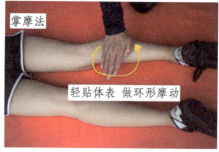

图 6.9

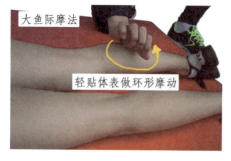

图 6.10

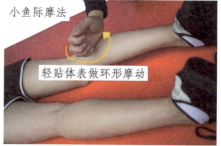

图 6.11

（二）擦法

用手指和掌心贴附于施术部位，较快地做直线往返运动。擦法同样也分指擦法、掌擦法和小鱼际擦法，手型与摩法中的手型相同。

摩法和擦法通常会混合使用，有时也被称为摩擦法，是摩法和擦发的合称，是放松按摩时最先使用的手法。掌摩法和掌擦法适用于放松大的肌肉部位，如图 6.12 所示。

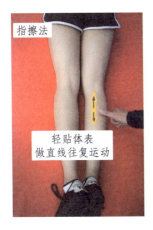
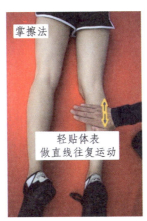
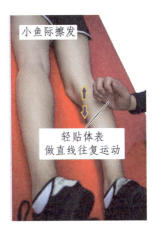

图 6.12

（三）揉法

用手指或手掌的某一部位，在施术部位上作轻柔灵活的上下、左右、环旋或螺旋揉动，此手法运用较多。针对小的肌肉部位用指揉法，大的肌肉部位用大、小鱼际揉法和掌根揉法。揉法的力量要通过皮肤，渗达皮下的肌肉，揉法频率为 120 ~ 160 次/min。

螺旋揉动时，要尽量减少施术者的手对施术部位皮肤的摩擦，防止擦伤皮肤或把施术部位皮肤揉得发红、发紫。

动作要领如下。

1．大鱼际揉法

手掌大鱼际部位贴着施术部位揉动。

2．小鱼际揉法

半握拳，手掌小鱼际部位贴着施术部位揉动。

3．掌根揉法

腕关节略背伸，并适度紧张，手掌掌根部位贴着施术部位揉动。

上述三种揉法，做到沉肩、曲肘、腕关节适度紧张，前臂做主动运动，带动腕、掌进行揉动。

掌根揉法可以变化到全掌揉，即把全掌贴着施术部位进行揉动。全掌揉法适合放松大的肌肉部位，比如臀大肌、腘绳肌和股四头肌，单手力量不足时，可以用另外一只手重叠施压，或者是手臂伸直，借助身体重量，通过手臂，传力到手掌。

4．拇指揉法

拇指螺纹面贴着施术部位，腕部适度紧张，小臂发力带动拇指做环转运动。当拇指疲劳时，可用中指代劳，方法是中指伸直或略带弯曲，其余四指合拢，用中指螺纹面贴着施术部位揉动。此法适合用来对关节、小肌肉和肌腱进行按摩。

详见图 6.13 ~ 6.16。

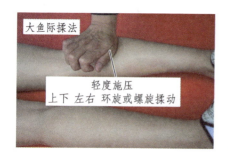

图 6.13

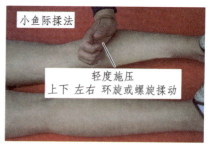

图 6.14

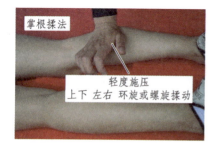

图 6.15

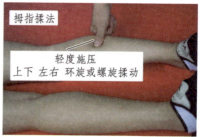

图 6.16

（四）捏法

拇指和其余四指对称性地向内挤压施术部位，一挤一松，形成捏法。捏法可单手或双手同时操作，适合于按摩大小适中的部位。

动作要领：手心尽可能地贴着施术部位的皮肤，用拇指和其余四指的指腹面贴着施术部位，相对用力挤压，如图 6.17 所示。

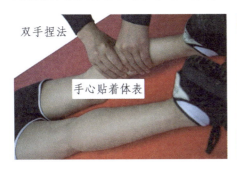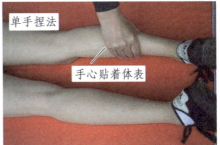

图 6.17

（五）揉捏法

是揉法和捏法的组合，手掌和五指指腹面紧贴着施术部位，五指用力先把肌肉捏起来，再做环周揉动，如图 6.18 所示。

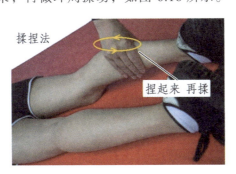

图 6.18

（六）按压法

用手指、手掌或脚底贴着施术部位，有节奏地、柔和地施加压力，可以垂直向下或斜下用力，垂直向下的手法居多。

动作要领如下。

1. 指按压法

用拇指的螺纹面贴着施术部位，腕部适度紧张，小臂发力带动手指按压施术部位。

2. 掌按压法

直臂，五指并拢，单手或重叠双手，手心贴于施术部位，以肩关节为支点，利用身体的重量，通过手臂传达手掌，按压施术部位。

3. 脚底按压法

受术者采取仰卧或俯卧的姿势，施术者站着，一只腿支撑全身重量，另一腿屈膝、用脚踏在施术部位的上部进行按压。脚底按压适合于放松腰部以下的大肌肉群，如图 6.19 所示。

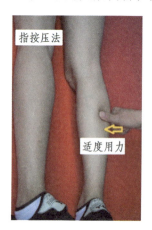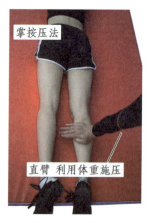

图 6.19

（七）推法

用拇指指腹或掌根贴压于施术部位，从肢体远端向心脏方向推进。手法分为指推法和掌推法。

动作要领如下。

1. 指推法

用拇指指腹靠指尖的部位贴于施术部位，拇指和腕部适度紧张，大臂发力带动拇指推进。

2．掌推法

直臂，手掌根部贴压于施术部位，以肩部为支点，躯干上部向前下发力，或大臂发力带动掌根推进，如图 6.20 所示。

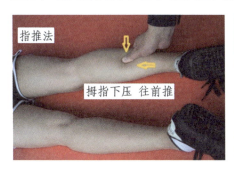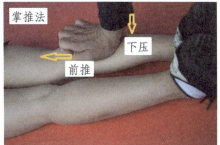

图 6.20

（八）搓法

双手掌面夹住施术部位，做往返搓动，此手法很适合用于放松上肢，如图 6.21 所示。

图 6.21

（九）拍法

五指并拢，掌指关节微屈，掌心空虚，腕关节适度紧张，前臂发力，双掌或单掌有节奏地、快速拍打施术部位。此手法主要适用于放松表浅肌肉。

（十）捶法（又叫叩击法）

半握拳，单拳或双拳，用拳轮流击打施术部位。

此手法适用于放松肌肉丰厚的部位。

拍法和捶法如图 6.22 所示。

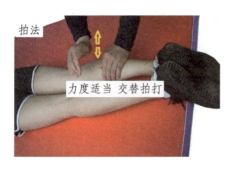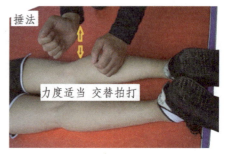

图 6.22

（十一）抖法

双手或单手握住受术者肢体远端，适度用力拉紧，做小幅连续抖动。抖动上肢，双手握住尺桡骨远端，把力量传递到肩部；抖动下肢，双手握住踝关节，如图 6.23 所示。

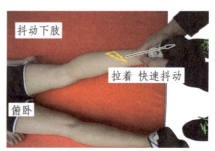

图 6.23

（十二）振法

在按压法的基础上，用手掌或脚底贴着施术部位，适度用力压住施术部位，做快速、高频的振动，有掌振法和脚振法。

动作要领如下。

1．掌振法

手掌全部贴压着施术部位，屈肘，小臂发力，带动手掌垂直向下或斜前下方用力，并快速振动。此手法略加变化，手掌抱着肌肉部位，腕部适度紧张，小臂发力左右摇摆，使肌肉在肌纤维的垂直方向做快速的振动。

2．脚振法

受术者取仰卧或俯卧，施术者用脚底轻踏施术部位，屈膝，小腿和踝关节适度紧张，大腿发力带动脚底做快速振动。此法适用于放松臀部和下肢大的肌肉部位。如图 6.24 所示。

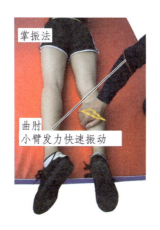

图 6.24

适合用来按摩、放松肌肉的手法中最常用的有摩擦法、揉法、捏法、揉捏法、按压法、搓法、拍法、捶法、抖动法和脚振法等。针对大肌肉群如臀大肌、腘绳肌、股四头肌的常用手法有双手捏法、揉捏法、拍法、捶法、压法和脚振法等。

第三节　伸展练习

伸展练习是通过对肌肉和韧带进行活动和牵拉，减少肌纤维之间的黏滞性，使肌纤维能顺畅地收缩和拉长，包含了冲击式伸展练习、静力性伸展练习和 PNF 练习。

一、冲击式伸展练习

冲击式伸展练习也叫振动式伸展练习，通常是在口令的指挥下，有节奏地对肌肉和韧带进行活动和牵拉。体育课或运动训练中，在老师或教练的口令指挥下，一拍一动地做徒手操，就是冲击式伸展练习。

二、静力性伸展练习

静力性伸展练习是对肌肉和韧带进行静力性拉伸，使目标肌肉在一定时间内、保持特定长度下，被等张、持续地牵拉。分为练习者自己一个人就能独立完成的静力性主动拉伸和需要在同伴帮助下才能完成的静力性被动拉伸两种方式。静力性伸展练习，既可以热身，又可以放松肌肉和韧带。

（一）静力性伸展练习原则

1．拉伸强度

目标肌群有因牵拉而引起的能够承受的微痛感。

2．持续时间

当牵拉的目标肌群出现微痛时开始计时，持续 10～30 s，通常根据自己体质和训练水平，掌控在 20 s 左右，如果体质好、训练水平高，拉伸时间偏长一点。

3．组数

每次放松练习，每个部位 1～2 组。

4．放松时间

每天训练结束，出汗基本消失、心率趋于正常时进行。

（二）静力性主动拉伸

1．屈腕肌拉伸

如图 6.25～6.29 所示。

拉屈腕肌

图 6.25

拉屈腕肌

图 6.26

拉屈腕肌

图 6.27

拉屈腕肌

图 6.28

拉屈腕肌

图 6.29

2．肱二头肌拉伸

如图 6.30 ~ 6.32 所示。

| 图 6.30 | 图 6.31 | 图 6.32 |

3．肱三头肌拉伸

如图 6.33 所示。

图 6.33

4．三角肌（前、中、后束）拉伸

如图 6.34 ~ 6.38 所示。

拉三角肌前束

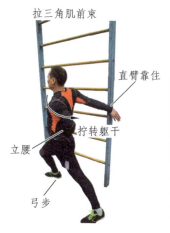

直臂靠住

拧转躯干

立腰

弓步

图 6.34

拉三角肌前束

拧转

靠住

斜下方约30°

图 6.35

拉三角肌中束
岗上肌

贴胸

向上抬挤压内侧手臂

图 6.36

拉三角肌后束

拉住

向内抱

站直

图 6.37

拉三角肌后束

向内抱

图 6.38

5．斜方肌上束拉伸

如图 6.39～6.41 所示。

| 图 6.39 | 图 6.40 | 图 6.41 |

6. 竖脊肌（斜方肌中束和菱形肌）拉伸

如图 6.42 ~ 6.44 所示。

| 图 6.42 | 图 6.43 | 图 6.44 |

7. 背阔肌拉伸

如图 6.45 和图 6.46 所示。

图 6.45

图 6.46

8．胸大肌拉伸

如图 6.47～6.49 所示。

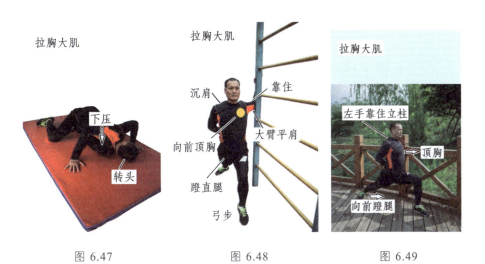

图 6.47　　　　　　　　图 6.48　　　　　　　　图 6.49

9．腹直肌拉伸

如图 6.50～6.52 所示。

图 6.50

图 6.51

图 6.52

10. 腹内外斜肌拉伸

如图 6.53 ~ 6.58 所示。

图 6.53

图 6.54

图 6.55

拉腹内外斜肌棘间韧带

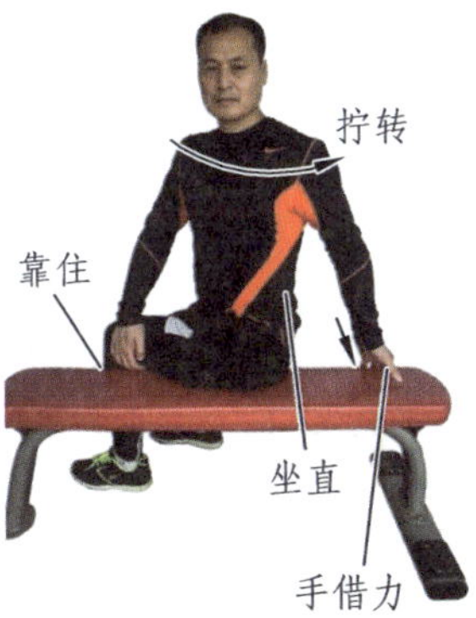

拧转

靠住

坐直

手借力

图 6.56

拉腹内外斜肌

手在头后向右伸

侧弓

拉住

侧对

图 6.57

拉腹内外斜肌棘间韧带

借力拧转

转

开腿站

图 6.58

11．臀大肌、臀中肌拉伸

如图 6.59 ~ 6.61 所示。

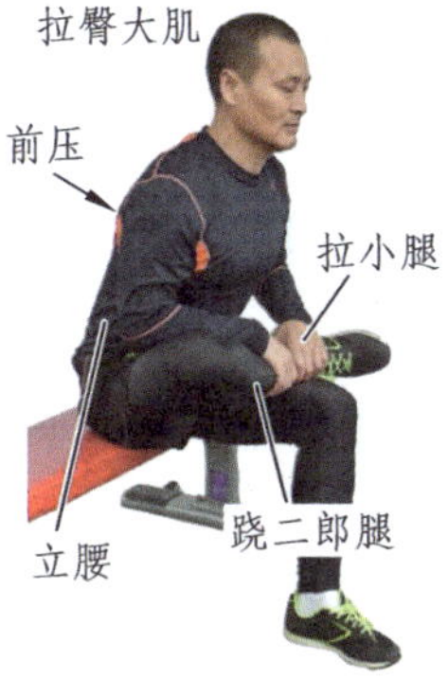

拉臀大肌

前压

拉小腿

立腰

跷二郎腿

图 6.59

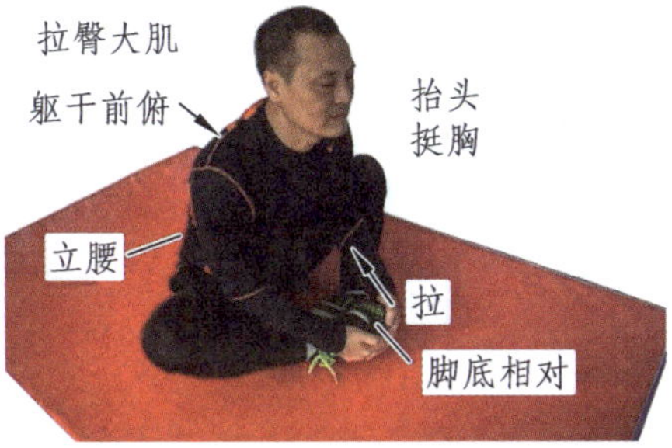

拉臀大肌

躯干前俯

立腰

抬头挺胸

拉

脚底相对

图 6.60

拉臀中肌臀小肌

躯干反向拧转

异侧抱膝

挺胸立腰

直腿

图 6.61

12. 腘绳肌拉伸

如图 6.62 ~ 6.68 所示。

图 6.62

图 6.63

图 6.64

图 6.65

图 6.66

图 6.67

图 6.68

13. 股四头肌拉伸

如图 6.69 ~ 6.72 所示。

拉股四头肌

压
脚跟朝上
膝盖对地面

图 6.69

拉股四头肌

拉
扶住
挺髋
膝微屈

图 6.70

拉股四头肌

双手拉脚背

图 6.71

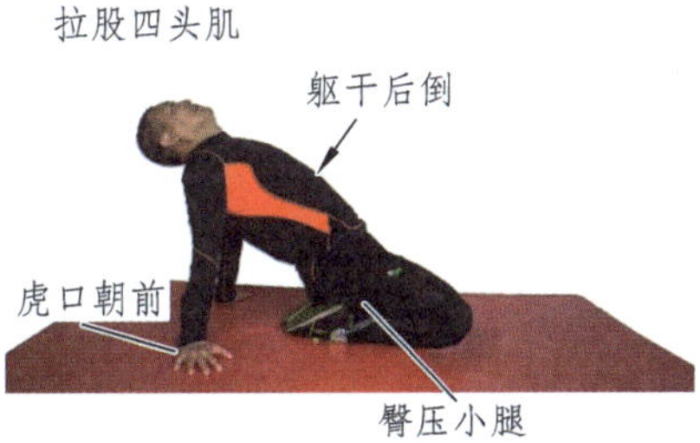

拉股四头肌

躯干后倒
虎口朝前
臀压小腿

图 6.72

14. 髂腰肌拉伸

如图 6.73 和图 6.74 所示。

拉髂腰肌

躯干向后
压
支撑
膝盖贴凳面

图 6.73

拉髂腰肌

躯干向后
压
支撑
膝盖正对地面

图 6.74

15. 腹股沟韧带和大腿内收肌拉伸

如图 6.75 所示。

图 6.75

16. 大腿内收肌拉伸

如图 6.76 ~ 6.78 所示。

图 6.76

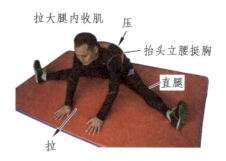

图 6.77

图 6.78

17．肩关节拉伸

如图 6.79～6.85 所示。

图 6.79　　　　　　　　图 6.80　　　　　　　　图 6.81

图 6.82

图 6.83

平地压肩关节

图 6.84

拉肩关节

图 6.85

18．小腿后群肌拉伸

如图 6.86 ~ 6.87 所示。

拉小腿后肌群1　　　　拉小腿后肌群2

图 6.86

拉伸小腿后肌群1　　　　拉伸小腿后肌群2

图 6.87

19．踝关节拉伸

如图 6.88 所示。

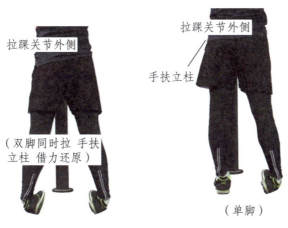

图 6.88

20．综合拉伸

如图 6.89 和图 6.90 所示。

图 6.89　　　　　　图 6.90

（三）静力性被动拉伸

1．拉伸部位

肱二头肌、肱三头肌、三角肌前束、三角肌中束、三角肌后束、斜方肌上束、竖脊肌（斜方肌中束和菱形肌）、背阔肌、胸大肌、腹直肌、腹内外斜肌、臀大肌、腘绳肌、股四头肌、髂腰肌、大腿内收肌群、棘间韧带、小腿后肌群。

2．动作示范

如图 6.91 ~ 6.109 所示。

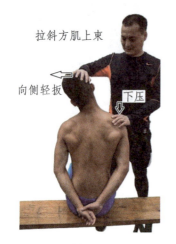

图 6.91

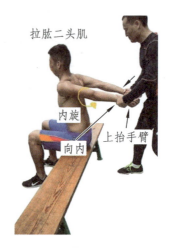

图 6.92

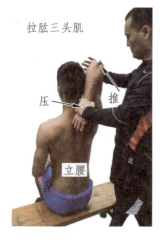

图 6.93

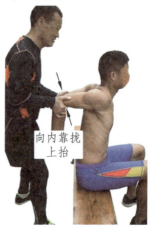

图 6.94

拉三角肌中束和冈上肌
手推肩后
向上推

图 6.95

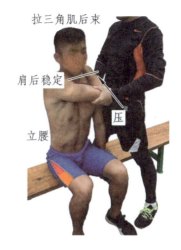

拉三角肌后束
肩后稳定
压
立腰

图 6.96

拉竖脊肌
交叉拉住
扣手
C形躯干
顶住

图 6.97

拉背阔肌
扣手 交叉拉
躯干和手臂一条线
蹬住
顶住

图 6.98

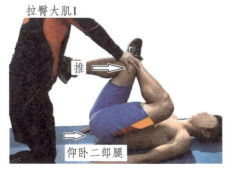

拉臀大肌1
推
仰卧二郎腿

图 6.99

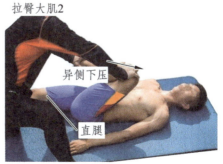

拉臀大肌2
异侧下压
直腿

图 6.100

拉股四头肌

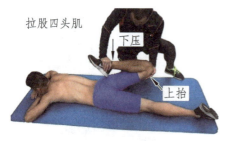

下压

上抬

图 6.101

拉腹直肌

肘放腿上支撑

拉起

半蹲

图 6.102

拉腘绳肌

向前顶肩

后拉

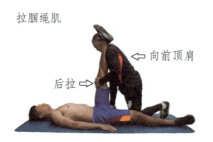

图 6.103

拉小腿后肌群1

双手下拉
前脚掌

直腿

图 6.104

拉小腿后肌群2

肘靠大腿内侧

内收

压住

推

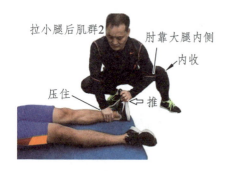

图 6.105

拉大腿内收肌群

下压

图 6.106

拉髂腰肌

侧卧
手撑头

膝顶臀

压住髋侧

后扳

屈膝拉住

图 6.107

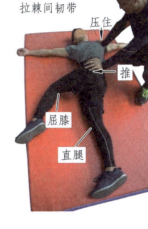

拉棘间韧带

压住

推

屈膝

直腿

图 6.108

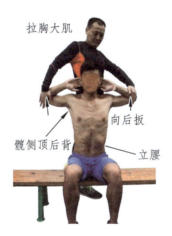

拉胸大肌

向后扳

髋侧顶后背

立腰

图 6.109

三、PNF 练习

　　PNF 练习,全名叫本体感受神经肌肉性促进法(是英文 Proprioceptive Neuromuscular Facilitation 的缩写),可有效地提高肌肉和韧带的柔韧性。有自己一个人就能独立完成的主动 PNF 和需要在同伴帮助下才能完成的被动 PNF 两种方法。

（一）方法

被牵拉的目标肌肉，首先静力性主动收缩持续 5~6 s，接着保持身体姿势不动（被牵拉的目标肌肉不发力）5~6 s，再被动拉伸 15~30 s，如此进行 3~5 个循环。

（二）牵拉强度

目标肌群有因牵拉而引起的能够承受的微痛感。

（三）举例

拉伸腘绳肌。

1. 被动 PNF 拉伸

如图 6.110 所示。

（1）练习者仰卧，左腿静力性用力对抗施术者肩部，持续 5~6 s。

（2）保持图中身体姿势不变，练习者和施术者都停止用力，持续 5~6 s。

（3）施术者身体前压，至练习者左腿腘绳肌有能够承受的微痛感出现时为止，持续控制 20 s 左右。

2. 主动 PNF 拉伸

如图 6.111 所示。

（1）左腿适度抬高放置，左腿静力性向下用力，持续 5~6 s。

（2）保持图中身体姿势不变，左腿停止向下用力，持续 5~6 s。

（3）然后，练习者身体前压，至左腿腘绳肌有能够承受的微痛感出现时，持续控制 20 s 左右。

以上（1）至（3）为一组 PNF 练习，每个肌肉部位重复 3~5 组，每周做 3~5 次。

其他部位的被动 PNF 拉伸和主动 PNF 拉伸，分别参照静力性被动拉伸和静力性主动拉伸部分的动作；有些没有示范的部位，需要做主动或被动 PNF 练习，参照"拉伸腘绳肌"的动作要领，举一反三，即可实现。

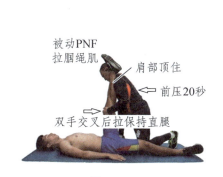

图 6.110

图 6.111

第四节　意念放松

意念放松是综合我国道家修身法中的静功、放松功和意功而成的，作者通过多年的练习，体会到它对放松身心有很好的帮助，在此做特别推荐。

一、放松常识

（一）准备姿势

站姿、坐姿、睡姿均可。

1. 站姿

两脚开立与肩同宽，两脚平行或脚尖朝向膝盖前方，双臂自然垂放于体侧，肩部放松，头部端正，重心前压至脚弓处。

2. 坐姿

双腿八字分开，坐下时大腿与地面成水平最佳，双手放于大腿上，手心朝上朝下均可，挺胸立腰，肩部放松，头部端正。

3．睡姿

仰卧，身体伸直，双臂自然放置于体侧。

（二）练习前的准备

松衣解带，思想集中，双目微闭。

（三）呼吸

闭合双唇，用鼻子均匀呼吸。

（四）放松时机

当呼气时，意念所到的部位，大脑默念"松"字，该部位会出现"松"的反应。

（五）练习时间、地点

任何时间、地点都可以练习，空气清新、安静的环境最好。比如，体育运动的放松活动之后、体育运动开始比赛之前、进入考场马上就要考试之前、在开展紧张的聚精会神的工作之前、激烈活动后马上要平静心情时、工作疲劳时、心情烦躁时、晚上失眠时等等，都可以练习。

二、放松路线

（一）第一条路线：上肢

顺序如下：（1）头顶的百会穴，（2）头顶两侧，（3）两耳，（4）脖颈两侧，（5）肩上部（斜方肌上束），（6）肩部（三角肌），（7）大臂，（8）肘关节，（9）小臂，（10）腕关节，（11）手掌，（12）手指，（13）中指末梢。如图 6.112 所示。

手臂放松路线

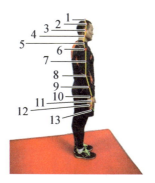

图 6.112

（二）第二条路线：体前

顺序如下：（1）头顶的百会穴，（2）前额，（3）眉，（4）眼，（5）面夹，（6）下颚，（7）脖颈前部，（8）胸部，（9）腹部，（10）腹股沟，（11）大腿前部，（12）膝关节前部，（13）小腿前面，（14）踝关节上部，（15）脚背，（16）脚大拇指。如图 6.113 所示。

体前放松路线

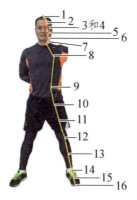

图 6.113

（三）第三条路线：体后

顺序如下：（1）头顶的百会穴，（2）头后部，（3）脖颈后部，（4）后背部，（5）后腰部，（6）臀部，（7）大腿后部，（8）膝关节后部（腘窝处），（9）小腿后部，（10）踝关节后部（跟腱），（11）脚底（涌泉穴位）。如图6.114所示。

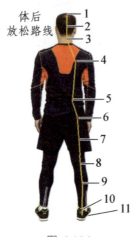

图 6.114

三、放松方法

首先心脏放松，然后依次放松上肢、体前和体后，最后回到心脏放松。

（一）心脏放松

准备姿势做好了，先把意念集中在心脏处，做三至五吸（一次连续呼气和吸气称为一吸）的心脏放松练习，

（二）上肢、体前和体后三条路线的放松

每条都是从头顶的百会穴开始，按照各条路线的放松顺序依次进行，先放松上肢路线，然后放松体前路线，再放松体后路线。意念每到一个部位，在呼气的同时，要放松该部位，意念到达最后一个部位时，稍做

停留，做二吸放松。

（三）心脏放松

三条路线放松完后，把意念集中停留在心脏处，做二三吸的心脏放松练习。

开始练习时，需要逐个部位的练习，熟练后，一吸完成从头顶开始到末端的放松，用三吸做完三条（上肢、体前、体后）路线的放松，更有甚者，一吸同时放松三条路线，就像一盆水从头顶倒下一样。

四、意念放松的运用

通过一组意念放松练习后，练习者的心率很快恢复到接近安静心率的状态，情绪稳定，能更好地投入到新的工作中。此方法不仅适合于运动后的放松，还适合于运动员赛前的情绪调整、警务人员在特殊情况下做心情调整等。

比如狙击手在执行任务中，通常情况都是紧张、快速地奔跑到达目的地，此时的心率跳动很快，情绪也不安定。当身体姿势摆好，枪械准备妥当，就立刻做意念放松。先集中意念放松心脏二三吸，然后一吸完成从头顶开始到末端的放松，用三吸分别做完三条（上肢、体前、体后）路线的放松；如果时间紧迫，用一吸做完三条路线的放松。

第七章　制订个人健身计划

个人健身计划，曾经被称作运动处方。通常，人们生病了到医院看医生，医生会给病人一个处方，病人根据处方拿药、服药。人们做事情需要一个计划或方案，"处方"二字给人的第一印象是针对病人的，是病人的专属品，怎么会用到锻炼身体上来呢？早在五十年代，美国有一位叫卡波维奇的生理学家，就提出用"运动处方"来给病人进行康复训练，后来这个词语得到了社会的认可，被用到运动、健身和康复医学领域。但考虑实际情况，健身、运动的人群，本身没病，为何要接受"处方"二字？因此，在本书中不用"处方"，而用"计划"。

由于人们的个体情况不一样、个人的工作和生活环境不一样、经济基础不一样等等的差异存在，所以，在制订个人健身计划时要有所不同。

一、制订个人健身计划的原则

（一）区别对待原则

有人把区别对待原则称为个体化原则，实质意义都一样，是针对参加锻炼个体的年龄、性别、身体条件、运动技术的水平、运动项目、条件和目标等等因素，制订不同的锻炼计划。

比如，少年儿童的骨质柔软，身体正在发育成长，适宜练习柔韧、利用自身重量和轻阻力的爆发力训练、灵敏训练、技术动作训练；老年人由于其骨质疏松、韧带柔韧性差、韧带脆性增大、肌肉的肌力小等，所以，老年人健身不能做爆发力练习，只宜做轻器械的抗阻练习、利用自身体重的轻抗阻练习和低运动量的有氧运动。

（二）因地制宜原则

根据自己的经济、工作、生活和环境的条件，制订适合自己的健身计划：时间紧张的，可选择在家里、办公区域做一些轻器械运动，或者做徒手操、广播体操等；中青年人，有条件的可以到健身房健身、打羽毛球、打乒乓球、水上运动、冰上运动等等；老年人可以进行走步运动、打太极拳、练五禽戏、社区舞蹈、打乒乓球等。

（三）安全原则

不管参加什么运动，首先要把完全因素放在首位。和安全相关的因素很多，有器材、场地、天气、路况、技术和外界影响等，都要引起我们高度重视，有了安全防范意识，就会尽可能地避免安全事故的发生。比如，需要器械的运动，要检查器材是否牢固、是否规范使用器材和注意要不超量使用等；走步运动，选择道路平坦、光照充足、无交通安全影响和空气环境良好的路段；羽毛球运动，检查拍杆是否与拍柄连接牢固；冰上运动，检查冰层厚度是否达标、护具是否质量可靠以及佩戴物是否牢固等。

（四）循序渐进原则

任何运动项目，成绩和技术水平的提高都是逐步实现的。制订计划时也一定要把目标、任务从低到高逐步提升，打好基础、稳步提升、出色发挥。比如跳高运动，一定是先练习跳越低横杆，再跳越高横杆。

有人曾说"跑步易伤膝盖"，这是因其不遵循循序渐进原则，直接开展过量运动，或者是热身活动不到位，或者是膝关节已经有轻伤从而造成的个别案例，我们不能以点概面。

（五）可调性原则

一套完整的年度、季度、月、周或者天计划，从实施开始到结束，不能按部就班地进行到底，中途发现问题要及时调整。目标如果定的太高，很难完成训练任务，这就要我们适度降低目标、减少任务量；训练中发现完成任务太容易，就要适度提高目标、增加任务量。

比如某天训练时，受自身的生理、情绪、睡眠、健康等临时原因的影响，运动量可以适当减小；另一天训练时，精神状态很好，运动情绪很高，体力充沛，就可以适当增加运动量。

二、个人健身计划的组成

按照制订个人健身计划的原则，根据自己的目标，制订锻炼计划，包括以下几方面的内容。

（一）选择运动形式（方式）

青少年可根据学生体质测试内容，选择对应的锻炼项目；不同职业可根据职业特点，选择对职业劳动有帮助的运动项目，比如导游需要徒步能力，可选择步行健身，营业员需要有能站得久的耐力，可选择发展下肢和躯干部位耐力的训练，老年人可选择慢步、徒手操、地掷球、门球、柔力球、陀螺、气功、太极拳、太极剑等等。

（二）合理安排运动量

运动量也称运动负荷，运动强度乘以运动时间即为运动量。运动强度是指单位时间内从事的运动所消耗能量的大小。运动量由运动的时间、次数、组数、距离、密度（动作或组间间隔时间）、速度、负重等因素组成。

健康青少年的运动强度可以偏大，靶心率控制在最大心率的 80 ~ 90%，强度高点的自我感受为心跳很快、呼吸量大、呼吸急促；健康中青年人的运动强度适中，靶心率控制在最大心率的 70% ~ 80%，强度高点的自我感受为心跳有力、呼吸舒畅、肌力充沛；老年人和身体患病者的运动强度要小，不宜有爆发性用力，靶心率控制在最大心率的 60% ~ 70%，强度高点的自我感受为心跳轻松、呼吸顺畅、体感舒适，体表微热或微微出汗。

青年人的体力好，运动时间在 2 h 以内，如果过长会影响身体健康，曾报道，有人在健身房连续高强度运动接近 4 h，结果患上了可怕的"横纹肌溶解"症；中年人的运动时间 30 ~ 60 min；老年人和身体患病者的运动时间在 20 ~ 30 min 为宜。

（三）运动频率

大运动量的训练每周 3 次，如果是专业运动员，其间间隔安排 2～3 次中等和小运动量的训练；中等运动量每周练习 3～6 次；小运动量每周练习 4～6 次。

（四）安全注意事项

影响健康安全的因素很多，有运动场地、运动器材、着装、运动量、空腹运动、带病运动、过度运动等等，要时常注意、检查、处理。

三、健身训练计划举例

（一）每天一小时健身计划

适合在校读书的学生。

1．二十分钟晨练

起床、着装后，用 3～5 min 的时间轻微热身踝关节、膝关节、大腿前后群、腰、髋、肩和腕关节，先慢跑热身、接着快跑或做拉伸练习、然后放松结束，总时间约 20 min。

2．四十分钟锻炼

下午五点左右、晚餐半小时后、学生晚自习后，通过参与自己喜欢的运动项目来锻炼身体，如跑步、单杠引体向上、单杠悬垂收腹举腿、双杠屈臂伸、俯卧撑、俯卧抬体、俯卧两头起、俯卧平板支撑、仰卧平板支撑、侧卧平板支撑、立定跳远、原地收腹跳、纵跳摸高、下蹲运动等等。晚餐后或学生晚自习后开展锻炼，运动量是需要逐步增加的，如果一开始就用大运动量锻炼，会影响晚上入睡。每天练 3～5 个动作，每个动作做 1～3 组，每周做 3～5 次。

（二）工间操健身计划

适合上班族利用办公休息间隙进行健身活动。

1．广播体操

到目前为止，国家体育总局颁布了九套广播体操，在网上学习任何一套广播体操，利用工作休息间隙，按照标准动作，每天上午、下午各做一次，每次把广播体操连续做 2~3 遍。

2．徒手操

原地高抬腿大摆臂走步、体侧运动、体转运动、腹背运动、弓步压腿、正压腿、侧压腿等，每天上午、下午各练一次。

（三）家庭健身计划

适合宅家里的、只有回家休息前有时间的群体进行健身活动。先做一些热身活动，比如徒手操热身、广播体操热身和原地小步跑热身等，然后利用自身重量或轻器械做一些运动，周频率、组数、次数和总时间根据个人情况而定，周频率最少两次，最多不要超过六次。

1．无器械健身计划

利用自身重量锻炼的动作有原地跑步、原地高抬腿跑、原地前踢腿跑、原地后踢腿跑、原地侧踢腿跑、伸展练习、下蹲运动、减重宽距俯卧撑、宽距俯卧撑、单臂俯卧撑、俯卧推掌、减重窄距俯卧撑、窄距俯卧撑、加重俯卧撑、仰卧挺髋、仰卧举腿、侧卧举腿、仰卧起坐、仰卧屈膝转髋、仰卧两头起、俯卧两头起、俯卧抬体、仰卧交叉起座、卷腹、卷腹转体、直角支撑、俯卧平板支撑、俯卧平板提膝、仰卧平板支撑、侧卧平板支撑、侧卧起、坐姿曲臂伸、跪姿伸腿、跪姿举腿、下蹲运动、箭步蹲、箭步走、靠墙手倒立、靠墙推手倒立、前踢腿、侧踢腿、直腿后摆、勾腿后蹬、站姿起踵等等。

2．轻器械健身计划

在家里准备哑铃、壶铃、弹力带、小杠铃等轻健身器械，适当位置安装简易单杠，就能轻松健身。健身动作有正握引体向上、反握引体向上、单臂引体向上、悬垂举腿、悬垂扇形举腿、悬垂翻身、换手悬垂、利用哑铃和弹力带的各种健身动作等等。

（四）步行上下班健身计划

适合家庭到上班地点距离在 3 km 以内的上班族，用快步走的方式上下班，既完成了工作，也达到了健身的目的，还节约了经费，可以说是一举多得。当然，走步途中要注意交通安全和环境卫生，如果车辆较多和灰尘扬起的情况较严重，不建议采用步行上下班的方式。

（五）五公斤减肥计划的实际成功案例

某男，45 岁，因工作繁忙而缺乏运动，体重增加了 5 公斤，腰围也增长了几公分，体力也下降，肌肉力量减弱，生活中很容易拉伤肌肉，伏案工作的持久能力也差，计划不花任何费用，用两个月时间，去掉腹部多余的脂肪、减重 5 公斤，恢复体能。具体计划如下。

1．季节

冬季。

2．时间

晚饭后 40～60 min 开始运动。

3．着装

每次训练着运动装、运动鞋。

4．练习频率

隔天一次，如果体力状况良好，可以连续两天进行，如果某天运动量过大，也可以连续休息两天。

5．地点

选择宽敞、有灯光的沿河道路。

6．运动内容

步行 30 min、伸展练习 30 min、使用户外健身器械利用自重锻炼 30 min、放松练习 10 min。

7．饮食控制

晚餐食量，在原来的基础上减少 10%。

8．健身过程

分两阶段进行，第一阶段是恢复体能，第二阶段是开展体能和力量训练。

第一阶段：通过走步和伸展练习来达到目标，计划两至三周时间，每周练习 4 ~ 5 次。先用 5 min，简单活动踝关节、膝关节、大腿前后群肌肉、腰部、髋关节、肩关节等；然后开始走步，按照第四章走步技术要领，先慢后快、快慢结合、走跑交替，完成 2 000 ~ 3 000 m 距离，此时会全身出汗；最后进行静力性主动拉伸练习，总计用时约 50 ~ 60 min。

第二阶段：通过走步、伸展练习和利用户外健身器材、自身重量进行锻炼肌肉力量，隔天一次。先用 5 min，简单活动踝关节、膝关节、大腿前后群肌肉、腰部、髋关节、肩关节等；然后开始走步，按照第四章走步技术要领，完成 3 000 m 左右距离，全身出汗，用时大约 30 min；接着进行 30 min 的静力性主动拉伸练习，拉伸全身的十四个大的肌肉部位，每个部位拉伸一组；然后练习仰卧起坐、俯卧抬体、引体向上、双杠曲臂伸、高单杠悬垂举腿和下蹲运动，每个动作做 1 ~ 2 组，每组做到接近极限（力竭）；最后用 10 min 做放松练习。

9. 健身结果

第一阶段的第一周，走步速度很慢，第二周的走步速度有些提升。第二阶段，第一周的走步速度较快，小跑步能坚持 300 ~ 400 m，引体向上能完成一组，每组 4 次；第二周的小跑步距离增加到 800 m，肌肉充满力量感，引体向上能完成两组，每组 6 次。第四周后，体重减少 2 kg，腰围也有缩小，第七周达到了减重 5 kg 的目标。

（六）高血压患者健身计划

采用将健步走和小强度、多次数的抗阻训练相结合的办法。

（1）周二和周四，健步走，每次中低速度走 30 min，完成 2 ~ 3 km。

（2）周一、三、五到健身房 3 次，使用健身器械锻炼，每次锻炼 6 ~ 12 个大肌肉群，每个部位锻炼 1 ~ 2 组，每组运动强度采用 15 ~ 20 RM，每组动作练习后，休息到自我感觉心率舒缓时才进行下一组练习。运动时，务必带上自己平时急需的药物。

第八章　运动与饮食营养

在运动营养方面，介绍的书籍、资料都很多，且都写得比较详细，具体到每种食材有什么营养含量，每天需要补充多少营养物质，精确到以克为单位。实际上，生活中，我们不会具体去称量、计算自己所消耗和要补充的能量，所以我们需要用另一种方式明白我们的营养应如何搭配。

故本章节力求用简单、明了的方式做介绍。

一、人体每日所需的营养物质结构简表

如图 9.1 所示。

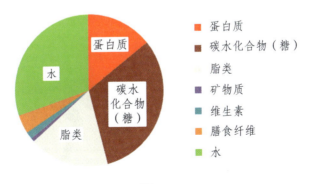

蛋白质
碳水化合物（糖）
脂类
矿物质
维生素
膳食纤维
水

图 9.1

随着个体、生理状况、工作环境的不同，人体需要营养物质的比例也会有所变化。

二、营养物质的来源

具体见表 9.1 所示。

表 9.1

分　类	来　　源
蛋白质	肉类、禽类、鱼类、蛋类、甘酪、坚果、豆类、大豆
碳水化合物	面包、面食、土豆（马铃薯）、稻米、谷类、豆类
脂类	动物性脂肪（牛奶、猪油、牛油、鸡油等） 植物性脂肪（大豆、芝麻、花生、菜籽玉米等）
矿物质	奶、奶制品、乳制品、豆类、豆腐、蛋、奶酪、干酪、干果、坚果、芝麻、花生酱、全麦、南瓜子、栗子、芥末、海产食物、深色蔬菜、酵母、谷类、动物肝脏、啤酒、肉类、带骨小鱼、沙丁鱼等
维生素	各类蔬菜、动物肝脏、鱼肝油、胡萝卜、甘薯、柑橘、黄色水果、鲱鱼、鲭鱼、沙丁鱼、鲑鱼、金枪鱼、人造黄油、干酪、小麦胚芽油、葵花籽油、葵花籽、杏仁、松子、花生酱、芦笋
膳食纤维	水果、蔬菜、豆类、坚果、谷类
水	各类食材中基本都含有的水、清洁水源

三、营养的供需平衡

人体摄入的营养物质，在体内经过消化吸收后，再排出体外，这个过程可用天平原理来直观展示，如图 9.2 所示。

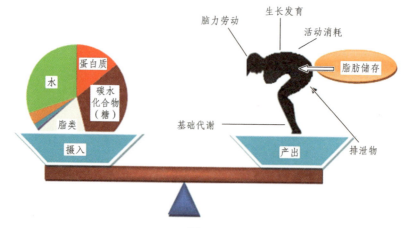

图 9.2

人体的摄入和产出始终是保持平衡的。从图 9.2 可以看出，天平两端任何一边有变化都会引起另外一端产生相应的变化。基础代谢、脑力劳动、生长发育、活动消耗（生产活动和体育运动共同形成的）、脂肪以及排泄物都有一定且合理的比例。当摄入营养过多，超过了基础代谢、脑力劳动、生长发育、生产活动和体育运动共同形成的活动消耗所需，多余的部分会形成排泄物和脂肪储存，如果不是肠胃不适，排泄物的分量增加不会太多，因此脂肪储存肯定会增多。脂肪储存过多，外表显现为胖或肥胖。适度的脂肪储存是有益的，但过多的脂肪储存则是有害的。当人体的各种消耗增加，而摄入不变的情况下，人体这个有机体则会自动消耗体内的脂肪来作为能量来源。所以，控制食材的摄入量和增加活动的消耗，是减脂（肥）的必选途径。

四、如何膳食

通过上面一、二、三部分的分析，在控制食材的摄入量方面，本书主张采用"比例控制法"。比例控制法，就是先确定饮食、营养基础参数，在此参数基础上，再按百分比增加或者减少。

（一）首先评估自己的 MBI 值是否处于合适的范围

详见第二章第一节第十条的内容。

（二）分析 BMI 值异常的原因

参照营养供需平衡，确定自己属于什么类型的需求，是生长需求、脑力劳动过大产生的需求、还是生产活动或体育运动的活动消耗过大而进行的合理补充；而摄入过多，活动消耗又太少，就要控制摄入，增加活动消耗。

（三）平衡膳食措施

（1）生长发育所需，主要指儿童和青少年，各种营养物都要摄入，不要偏食，荤素搭配比例按 3∶7 或者 4∶6 进行。

（2）中老年人的健康保健饮食，荤素搭配比例按 2∶8 或者 3∶7 进行。

（3）脑力和体力活动过大，需多补充 10%~20% 的蛋白质、脂类和碳水化合物。

（4）运动活动消耗过大，多补充 10%~30% 的蛋白质和碳水化合物，也可在运动前 30~60 min，补充少许碳水化合物（糖），比如吃一颗硬糖。

（5）健美运动的一般健身锻炼者，最好不服用蛋白粉，需多补充的 10~20% 的充蛋白质，可在食物中获取；职业或高级业余爱好者可适度补充蛋白粉，这类人群往往担心自己的营养补给不足，常常会过量服用蛋白粉，根据经验，可以自我检查是否过量服用，办法是服用一段时间后，观察身体皮肤是否发亮，尤其是面部皮肤是否发亮，发亮则说明蛋白粉补充过度，需要减少。

（6）专业运动员，根据项目特点和运动量的大小，在专业营养师安排下进行膳食。

（7）偏瘦，增加 10%~20% 的脂肪、碳水化合物和蛋白质的摄入比例，达到增重目标后，要适度控制脂肪和碳水化合物的摄入量，防止出现惯性式增长。

（8）减肥者，减少或拒绝脂肪摄入，根据自己的肥胖程度，减肥开始的 1~2 个月内，食材摄入量减少 10%；经过 2~3 个月的适应后，食材摄入量再减少到 20%；比较肥胖和非常肥胖者，减少食材摄入量半年后，再继续减少到原来摄入量的 30~40%，然后进入一个长时间的稳定保持期，这期间的肉类食材选择以瘦肉型为主、肥肉型为辅。

参考文献

[1]　国家体育总局职业技能鉴定指导中心组. 健身教练[M]. 北京：高等教育出版社，2009.

[2]　官加荣. 官加荣：最强肌肉健身课[M]. 江苏：江苏凤凰科学技术出版社，2015.

[3]　[美国]尼克·伊万斯（Nick Evans）. 健美健身运动系统训练[M]. 北京：人民邮电出版社，2016.

[4]　田里. 健身教练服务教程[M]. 北京：中国书籍出版社，2013.

[5]　[日]荒川裕志. 肌肉训练完全图解[M]. 北京：化学工业出版社，2016.

[6]　[美]吉姆·斯托帕尼（Jim Stoppani）. 肌肉与力量[M]. 北京：北京科学技术出版社，2017.

[7]　[英]迈克尔·莫斯利（Michael Mosley）. 轻健身[M]. 南京：江苏凤凰科学技术出版社，2017.

[8]　气功精选编写组. 气功精选[M]. 北京：人民体育出版社，1980.

[9]　胡祖荣. 身体训练一千四百例[M]. 北京：人民体育出版社，1980.

[10]　成都体育学院运动训练学教材编写组. 运动训练学[M]. 成都. 1987.

[11]　李铂，李帅星. 实用体能训练方法[M]. 北京：化学工业出版社，2017.

[12]　黄晓琳. 人体运动学[M]. 北京：人民卫生出版社，2013.

[13]　顾德明，缪进昌. 运动解剖学图谱（第三版）[M]. 北京：人民体育出版社，2013.

[14]　严隽陶. 推拿学[M]. 北京：中国中医药出版社，2011.

[15] 王之虹. 推拿手法学[M]. 北京：人民卫生出版社，2016.

[16] 宋柏林，于天源. 推拿治疗学[M]. 北京：人民卫生出版社，2016.

[17] 李鸿江. 推拿按摩治疗常见病[M]. 北京：人民卫生出版社，2009.

[18] 苏继承. 骨伤科康复技术[M]. 北京：人民卫生出版社，2008.

[19] 体育院、系教材编审委员会，《运动解剖学》编写组. 运动解剖学 [M]. 北京：人民体育出版社，1985.

[20] 邱树华. 正常人体解剖学[M]. 上海：上海科学技术出版社，1989.

[21] 刘国隆. 生理学[M]. 上海：上海科学技术出版社，1989.

[22] 邱茂良. 针灸学[M]. 上海：上海科学技术出版社，1987.

[23] 岑泽波. 中医伤科学[M]. 上海：上海科学技术出版社，1989.

[24] 闫海. 气功精选[M]. 北京：人民体育出版社，1985.

[25] 曲锦域，于长隆. 实用运动医学（第四版）[M]. 北京：北京大学 医学出版社，2007.